# 国語教育を楽しむ

町田 守弘

学 文 社

# はじめに

小学校から大学院までの国語教育の担当において、常に学習者にとって楽しくかつ力のつく授業創りを目指してきた。興味・関心の喚起と学力の育成は、すべての授業に共通する目標と考えている。学習者にとって面白いと思えるような、心から楽しむことができるような授業を追究して、様々な研究と実践を続けている。

学習者が楽しむことができるような授業を展開するためには、まず指導者が楽しめるような内容を工夫しなければならない。指導者自身が楽しめないようでは、学習者にとって楽しい授業創りなど望むべくもない。学習者も指導者も、ともに楽しむことができることを目標とした教材開発、および授業開発が求められている。本書では、「国語教育を楽しむ」ことを全体のテーマとして、具体的な実践に即した提案を試みることにした。

本書が刊行される二〇二〇年は、教育に関わる変化の年でもある。二〇一七年に告示された小学校学習指導要領が、四月から全面実施となる。大学の入学試験では、最後のセンター試験が一月に実施されて、新たな「大学入学共通テスト（新テスト）」の準備が進められている。そこで、国語教育を楽しむ前に、まず学習指導要領の状況を見つめるところから出発することにした。初めに新しい学習指導要領で特に着目した点を明らかにしたうえで、国語教育を楽しむという本書のテーマに関連する要素を抽出する。

学習者からよく「なぜ国語を学ぶのか」という問いが投げかけられることがある。国語科があまり好きではない学習者は、国語を学ぶ意味が分からないと訴える。そのような問いに対して、きわめて素朴ではあるが、「楽しいから」もしくは「面白いから」という回答も成立するような気がする。指導者自身が国語教育を楽しむところから、すべてが始まるのではないだろうか。国語科の学びがいかに面白く楽しいものであるかをまず指導者が実感し、その楽しさを授業で学習者に伝えることができればよい。

国語科では特に教材開発が重要になる。教材に魅力がないと、学習者の授業への関心を喚起することは難しい。わたくしは学習者の身近な場所にある素材に目を向けて、教材化の可能性を模索してきた。素材の多くは「サブカルチャー」の範疇に属している。それは教材となるかならないかの、まさに境界線上に存在している。それを教材として成立させることを目指してきた。本書においても、楽しむための一つの方略として、「境界線上の教材」としてのサブカルチャー教材の可能性に言及する。

国語教育はことばの学びである。ことばはまさに日常生活のどの場面にも存在している。二〇一九年はラグビーのワールドカップが日本で開催され話題になった年だが、例えばスポーツ選手がこれからまさに試合に向かうという直前の短い時間に、監督やコーチは選手にどのようなことばをかけるのか。その「ペップトーク」を、国語教育で取り上げることもできるのではあるまいか。学習者にとって身近な場所から積極的に教材を発掘して、楽しい学びを実現することは指導者の責務でもある。

本書は、実践に直結する具体的な提言を中心にまとめることにした。全体を大きく四章構成にしてみたが、比較的短い提言を節として多く収録したことから、どこから読んでも国語教育を楽しむためのヒントが得られるように心がけた。国語教育に関心のあるすべての方々に、気軽に読んでいただけるように配慮したつもりである。本書が指導者にとっても学習者にとっても、国語教育を楽しむための一つのきっかけとなれば、これに過ぎる喜びはない。

二〇二〇年二月

町田　守弘

もくじ

# I

# 国語教育を楽しむ前に

## ――学習指導要領の改訂を見つめて――

# Ⅰ－1

# 「アクティブ・ラーニング」につながる国語科の授業開発

## 跋扈する妖怪

教育に関する用語に「アクティブ・ラーニング」がある。かつて「PISA型読解力」という用語が頻繁に登場したが、二〇一七、一八年版学習指導要領の話題が取り上げられるようになると同時に、今度は「アクティブ・ラーニング」が話題に上るようになった。

「アクティブ・ラーニング」に関して石原千秋は、いままさに日本の教育界は「アクティブ・ラーニングという妖怪が跋扈」（「文芸時評・一月号」産経ニュース、二〇一五・一二）していると指摘した。これまでにも主体的かつ協働的な課題追究を志向する学びは、様々な形で実践されてきたはずであり、「跋扈する妖怪」のような「アクティブ・ラーニング」という用語に振り回されることなく、今日まで着実に積み重ねてきた実践をしっかりと見直すべきである。

わたくし自身、国語科の授業開発に関してこれまでに様々な提言を発信してきた。本節ではその中から、特に「アクティブ・ラーニング」につながるものを抽出して、これからどのような国語科の授業創りを目指すべきかを検討することにしたい。

## 垂直型から水平型へ

「アクティブ・ラーニング」という用語が話題になった契機は、周知のように二〇一四年一一月二〇日の中央教育審議会に対する文部科学大臣の諮問である。諮問文の中では、「課題の発見と解決に向けて主体的・協働的に学ぶ学習」が「いわゆるアクティブ・ラーニング」として位置付けられていた。特に「読むこと」の領域において国語科の授業を長きにわたって支配してきたのは、教材となった文章の内容について教師が説明を加えて学習者に理解させるという形態、すなわち読んで、説明して、分からせて、暗記させるという指導過程である。授業では、教師からの一方向的なメッセージの伝達が全体の大きな流れとなる。学習者は、専ら教師からのメッセージの受信に終始する。このような授業の多くは一斉授業という形態で、すべての学習者が黒板に向き合って座るという教室の空間的な配置も、この授業形態を支えている。

授業において、教師の発問に対する学習者の反応はきわめて鈍い。例えば「羅生門」の授業で、作品から発信されたメッセージをどのように考えるのかという発問をしたとき、特に意見が述べられることもなく、教室全体が「待ち」の姿勢になる。そこで教師が解説を始めると、教室の雰囲気は直ちに変容する。「人間のエゴイズム」という一つの読みを紹介し板書をすると、学習者は決まって板書されたことをそのままノートに写す。赤い色のチョークで「エゴイズム」に傍線を引くと、ほとんどの学習者が赤い筆記用具で同じようにノートに傍線を引く。教師が特に丁寧に解説を加えると、彼らは「試験に出る」というマークを付ける。定期試験が近くなるころには、教室は「暗記」の学習に支配されてしまう。

教師から一方的にメッセージが届くという形態の「垂直型」の国語の授業が、教室の日常の光景になっている。教科書の教材を読んで、説明して、分からせて、暗記させる、という授業の形態は、暗記させた結果を定期試験で問うという場所へと辿り着く。「試験勉強」はさらに上級学校の入学試験に対応するための「受験勉強」につながる。受験という制度が、初等・中等教育の現場に大きな影響を与えているという事実も決して無視できない。国語の授業は読解が多いという現実も、一つに入学試験の出題傾向が読解を主流にしていることと無縁ではない。このような状況が、「アクティブ・ラーニング」が話題になる基盤の一つにある。

国語教室を伝統的に支配し続ける「垂直型」の授業は、学習者から主体的な学習意欲を奪うことになりかねない。そこでまず求められるのは、「垂直型」授業を「水平型」授業へとパラダイム転換することである。ここでわたくしが「水平型」と称するのは、教師から学習者へという一方向のメッセージの伝達だけではなく、学習者相互、そして学習者から教師に向けて、さらに教材と学習者との間にもメッセージのやり取りがあるという授業を意味している。「垂直型」においては、教師は「教壇」という学習者よりも高い場所にあって、あたかも水が高い場所から低い場所へと流れるように、教師から学習者への一方向のメッセージの伝達が主流を占める。それに対して「水平型」では、教師と学習者と教材の間でインタラクティブ（双方向）な交流が行われる。このような授業形態において、教師は情報の発信者というよりは、むしろ様々な学習者からの情報を整理するコーディネーターとしての役割を担うことになる。

教室には三〇から四〇人もの学習者がいる。この「教室」という場所の特性にも留意しなければならない。言うまでもなく教室にいる学習者は実に多様で、一人ひとりが独自の個性を持っている。ところが「垂直型」の一斉授業では、教師は三〇人に一律に同じメッセージを送り続ける。

教室には自ずと彼らの「文化」が立ち現れる。教室の構成員は、それぞれが独自の内面を有する学習者である。そこに生成する「教室の文化」を有効に活用するような授業を展開したい。そのためには、単に教師から発信されるメッセージを受け止めるという受動的な「垂直型」の授業だけではなく、インタラクティブなメッセージのやり取りを目指す「水平型」の授業が必要になる。「水平型」授業の基本となるコンセプトは、この「インタラクティブ（双方向）」という要素にほかならない。授業の中で効果的なメッセージの交流を実現するとき、学習者は主体的に授業に参加しているという意識を持つことができる。そこから、学びに対する意欲も生まれてくる。これは「アクティブ・ラーニング」を実現する重要な基盤になるのではあるまいか。

ここで注意したいのは、「垂直型」の授業をすべて排除して「水平型」の授業のみを推奨するということではない。「垂直型」のみにとらわれることなく、効果的に「水平型」を取り入れて、学習者にとって楽しく、かつ国語科の学力育成に資する授業を展開することが重要である。

## 「教室の文化」の活用

「水平型」の授業は、一斉授業という形態にとらわれることはない。個々の学習者における学びとクラス単位の学びとの中間に、グループレベルの学びを位置付ける。すなわち、四人から五人程度のグループを編成して、そのグループ単位の学びを展開する場面を確保する。それによって学習者が授業に参加しているという意識は高まり、学習意欲を喚起することができる。

授業において、大きく三つの位相を意識した学びの形態を考えることにしたい。それは「個人レベル」「グループレベル」「クラスレベル」と称する位相である。以下、特に「読むこと」の領域に関わる授業に即して具体的な指導過程を紹介する。まず「個人レベル」では、教材を個々の学習者が個人で読むことになる。特に「発見」と「問題意識」を大切にしつつ、個人の読みを整理する。そして「グループレベル」では、四、五人のグループを編成して、そのグループの中で様々な読みの交流をする。さらに「クラスレベル」では、クラス単位の一斉授業という形態において、教師の指導によってさらに読みを深めることになる。「クラスレベル」の学びでは、グループ学習の成果の発表とともに、教師からの専門的な読みの紹介なども含める。この「個人」「グループ」「クラス」の各レベルの学びを、導入・展開・総括のそれぞれの段階に効果的に組み込むことによって、「読むこと」の効果的な学びを展開してみたい。

まず「導入」段階は、教材を個々の学習者が読むところから出発する。語句や表現に留意しつつ、教材の文章を通読する。その結果、「分かったこと」を「発見」、「分からなかったこと」や「調べてみたいこと」を「問題意識」としてそれぞれ整理する。

「展開」は大きく前半と後半とに分けて、前半はグループ学習によって展開する。グループを編成して、グループごとに「発見」と「問題意識」を持ち寄って、意見交換をする。ある学習者の「発見」が、別の学習者の「問題意識」を解決へと導くこともある。他の学習者の考え方から相互に学び合う場所を授業の中に積極的に設けて、「教室の文化」を生かした効果的な学びを展開することは、授業開発のための一つの工夫である。特にグループレベルの学びにおいては、この「教室の文化」の機能を重視する必要がある。

文学教材を扱う場合には、グループに次のような研究テーマを割り当てるようにする。グループごとに研究成果をまとめて、次の段階で発表することになる。なお、この方法は「こころ」などの長編小説の全文を読むという授業でも、取り入れることができる。

① 物語（作品全体のストーリーを要約する）
② 人物（主な登場人物の特徴を整理する）
③ 事件（主な事件を因果関係に注意して整理する）

④背景（背景となった時間的・空間的特徴を整理する）
⑤構成（全体の構成を整理する）
⑥主題（主題について様々な観点から検討する）
⑦表現（表現上の特色を整理する）
⑧評価（作品がどのように読まれているかを整理する）
⑨作者（作者について研究し作風等を紹介する）

「展開」の後半は、「クラスレベル」の学びとなる。すなわち、各グループの発表をクラス全体で聞くことによって、より多様な考え方を学ぶことができる。研究テーマをグループで分担した場合には、発表という活動を通してそれぞれのテーマについての理解が深化する。

その成果を受けて、「総括」の段階で教師によるまとめを実施することになる。この段階では、教材に対する理解を感想文や意見文の形式でまとめたり、発展的な読書を促したりする発展的な学びも含めることにする。それらはすべて最終的に個人へとフィードバックされる。

以上のような「個人」「グループ」「クラス」それぞれのレベルにおける「読むこと」の学びを効果的に展開するために、わたくしは「研究の手引き」「研究資料」「授業レポート」と称するプリントを毎時間準備して、すべての学習者に届けることにしている。まず個々の授業の目標や内容を「研究の手引き」と称するレジュメに要約して、学習者が記入する「授業レポート」とともに配布する。学習者は「研究の手引き」における目標や学習内容を確認しながら、自分で考えたこと、および授業中に話題になったことなどを「授業レポート」にまとめることになる。「授業レポート」は毎時間提出させ、教師が内容を点検してから返却をする。学習者はそれをファイルにストックして、ポートフォリオ評価に活用する。特にグループ学習の場面では、「研究の手引き」によって、各グループでどのような活動を展開するのかを、きめ細かく指示するようにしたい。「研究の手引き」に即して授業が展開され、学習者は「授業レポート」に考えをまとめる。その「授業レポート」には、「個人レベル」および「グループレベル」「クラスレベル」の欄をそれぞれ設けることにする。「個人レベル」の欄には、授業において提起された様々な課題について、自身で感じたことや考えたことをまとめる。これに対して「グループレベル」や「クラスレベル」の欄では、グループやクラスの他の人が発言した内容や、教師が説明したことなどをメモすることになる。例えばこのようなプリントを活用して、効果的な「読むこと」の授業が展開できるように配慮したい。それは「アクティブ・ラーニング」の学びにつながるはずである。

## 「アクティブ・ラーニング」のための教材開発

これまで「アクティブ・ラーニング」に関わる授業開発について述べてきたが、授業開発の前提として教材開発がある。学習者の興味・関心を十分に喚起できるような教材の開発が求められることになる。

国語科の授業において、教材は学びの入り口になる。教材に接した瞬間、学習者がまず「面白い」という印象を抱くようにしなければならない。教材から学習者の意識が離れてしまうと、いくら指導を工夫しても効果的な授業が成立しない場合がある。学習者にとって魅力ある教材を開発することは、魅力ある授業の成立に直結する。

新たな教材を開発するためには、教師自身が幅広く多様な分野の素材に関心を持つように心がける必要がある。日ごろから視野を広く、そして情報を仕入れるアンテナを高くして、魅力的な教材になり得るような素材を発掘しなければならない。特に学習者が関心を寄せる分野に対しては、意識的にアプローチを試みるようにしたい。

素材が教材となるためには、当然のことながらそれを用いた国語科の授業が成立しなければならない。すなわち、その素材を使用した国語科の学習活動が成り立つこと、さらに国語科の学力育成につながることが、教材開発の必要条件となる。いくら魅力的な素材を発掘しても、その扱い方が見えない限りは教材にはなり得ない。素材を発掘したら、直ちにその教材化を試みる必要がある。教材化を経て初めて、素材は教材として生まれ変わることになる。

拙著『「サブカル×国語」で読解力を育む』（岩波書店、二〇一五）その他で紹介したように、わたくしが中学校・高等学校の教育現場を対象として実施したアンケート調査の結果や、直接学習者と接して得た情報によれば、彼らの多くがマンガ、アニメーション、音楽、映画、インターネット、ゲーム、お笑い、ＳＮＳなどのサブカルチャーに対して強い関心を抱いていることが明らかになった。そこで彼らが関心を寄せるサブカルチャーに広く目を向けて、国語科の教材として扱うという試みを続けてきた。ただしそれらは学校の価値観からすれば、授業には馴染みにくい面もある。しかしながら、学習者の現実と向き合ったとき、ぜひ取り上げたい素材でもあった。「楽しく、力のつく」という文脈へと位置付ける努力を続けてきたことになる。

サブカルチャー教材は、国語科の教材として成立するぎりぎりの「境界線上」に位置付けることができる。それらの「境界線上の教材」は、「アクティブ・ラーニング」の実現へとつながる教材として定位することができるのではあるまいか。学習者の主体的・協働的な学びのために、何よりも彼らの興味・関心を強く喚起しつつ、国語科の学力育成にも資することが、教材開発の重要な条件となる。

## 「アクティブ・ティーチング」の必要性

効果的な「アクティブ・ラーニング」を実践するためには、当然のことながら教師の力量が問われることになる。わたくしは多くの授業に参加する機会を設けているが、あるとき公開授業のすべてがグループでの学習に充てられた授業に参加した。研究協議の際に指導者を含めた数名の参加者は、学習者が主体的・協働的に学習をしたとコメントしていたが、わたくしはその評価がよく理解できなかった。資料として配布された学習指導案にはいろいろと記載されてはいたものの、実際の授業では教師の「教え」を少しも実感することができなかったからである。

「アクティブ・ラーニング」は「ラーニング」すなわち「学び」に関わる用語であることから、ともすると指導者の「教え」の要素が抜け落ちてしまうという危惧がある。かつて大村はま・苅谷剛彦・苅谷夏子による『教えることの復権』（筑摩書房、二〇〇三）が話題になったが、いままさにこの書名の「教えることの復権」が見直されるべき時期になった。「アクティブ・ラーニング」の前提として、「アクティブ・ティーチング」とも称すべき「教え」を忘れてはならないように思われる。

冒頭で紹介した石原千秋の比喩を再度引用するなら、日本の教育界は「アクティブ・ラーニング」という妖怪が跋扈している状況にあった。様々な言説が溢れているものの、「妖怪」であるからこそ、なかなかその実像が見えにくくなっている。本節ではすでに主張され実践されてきた考え方を、確認しつつ整理してみた。そのうえで、「アクティブ・ラーニング」の効果的な展開のために、「アクティブ・ティーチング」とも称すべき指導者の在り方が問われていることを主張したつもりである。ようやく「ＰＩＳＡ型読解力」という用語から解放されつつあるいま、「アクティブ・ラーニング」からもそろそろ自由になってもよいような気がしてならない。

# Ⅰ－2 キーワードで考える国語科教材開発の観点

二〇一六年一二月に中央教育審議会の答申（本節では以下「答申」と称する）がまとめられ、それを受けて二〇一七年三月に小学校および中学校の学習指導要領（以下、「小学校」および「中学校」と称する）が告示された。そこでこれらの内容から国語科の教材開発に関して特に注目したい観点を「キーワード」の形式によって抽出し、考察を加えることにしたい。

## 語彙と連携

まず「答申」では、特に第2部第1章「各学校段階の教育課程の基本的な枠組みと、学校段階間の接続」の「2．小学校」にある二つの要素に着目してみた。その一つが「語彙」に関する内容である。「答申」には次のような記述があった。

特に、小学校低学年の学力差の大きな背景に語彙の量と質の違いがあるとの指摘を踏まえ、思考を深めたり活性化させたりしていくための語彙を豊かにするなど、語彙量を増やしたり、語彙力を伸ばしたりして、語彙を生活の中で活用できるよう指導の改善・充実を図ることが重要である。

語彙の学びが国語科の基本にあることはよく理解されているものの、効果的な教材の開発という観点からは特に検討が必要な課題となっている。これは小学校低学年のみではなく、小・中・高のすべての校種に関連する課題と言えよう。わたくしは、学習者が身近な場所からことばを集める「ワードハンティング」と名付けた課題を工夫し、『国語科の教材・授業開発論—魅力ある言語活動のイノベーション』(東洋館出版社、二〇〇九)その他で紹介してきたが、学習者が集めたことばはグループやクラスで交流することによって、そのまま語彙の学びの教材となる。なお「小学校」「中学校」ともに、「語彙を豊かにする」ことは、学習指導要領における「内容」の〔知識及び技能〕に明確に位置付けられている。

「答申」でいま一つ着目したのは、他教科との連携という要素である。同じく第2部第1章2項の「小学校」では、「外国語教育の充実」が話題になっている。具体的な記述は以下の通りである。

国語教育と外国語教育は、(中略)学習指導要領等に示す指導内容を適切に連携させたり、各学校において指導内容や指導方法等を適切に連携させたりすることによって、（中略）言葉の働きや仕組みなどの言語としての共通性や固有の特徴への気付きを促すことを通じて相乗効果を生み出し、言語能力の効果的な育成につなげていくことが重要である。

国語科はことばを直接学ぶ教科であることから、すべての教科と関わることになるが、特に新学習指導要領で強調される外国語教育との連携は重視しなければならない。なお引用は外国語教育に関する内容ではあるが、国語教育の観点からもまったく同様の指摘ができる。

さらに「答申」の国語科に関する記述にも、「国語科が、中心的役割を担いながら他教科等と連携して言語能力の向上を図る」という点が掲げられている。この連携という要素に配慮した教材開発を目指したい。

## 創作的な活動と実用的な文章

二〇〇八、〇九年に告示された学習指導要領では、「言語活動例」が「内容」として示されている。二〇一七、一八年版でもこの方向は踏襲され、〔思考力、判断力、表現力等〕の内容に言語活動例が位置付けられている。言語活動例は、授業そして教材のイメージを具体的に伝えるものとして参考になる。また教科書は学習指導要領の言語活動例を意識して編纂されることから、教材開発という視座からも注目すべきである。そこで続いて、特に言語活動例に着目した教材の在り方を検討する。

「小学校」「中学校」に共通して挙げられたのが、「創作的な活動」である。なおこの用語は、二〇〇九年版高等学校学習指導要領にも登場していた。具体的には、詩歌や物語を創作したり随筆などを書いたりする活動になるが、「小学校」「中学校」とも複数箇所で言及されている。例えば「中学校」では、「書くこと」の領域の言語活動例として、以下のように示されている（傍線は引用者による。以下同じ）。

詩を創作したり随筆を書いたりするなど、感じたことや考えたことを書く活動。（第1学年）

短歌や俳句、物語を創作するなど、感じたことや想像したことを書く活動。（第2学年）

「小学校」と同様に「第1学年」から、創作が活動例に取り入れられている。そして「創作」という用語そのものが、今回「中学校」で用いられたことにも注意したい。「小学校」「中学校」ともに、詩歌や物語、随筆を書くという創作的な活動が組み込まれた。ただし、授業でいきなり創作するという活動に取り組むことはできない。創作へとつながる、適切な教材を用意しなければならないはずである。創作的な活動を促した教材開発への配慮が必要になる。

いま一つ注目したいのは、「中学校」の第3学年の「読むこと」の言語活動例に登場する「実用的な文章」である。それは「実用的な文章を読み、実生活への生かし方を考える活動」のように示されている。二〇〇九年版高等学校学習指導要領では、すでに「国語総合」や「現代文B」において「現代の社会生活で必要とされている実用的な文章」という文言が見られるが、今回は「中学校」に含まれることになった。この「実用的な文章」の具体例として、二〇〇九年版の「高等学校学習指導要領解説」では、「報道や広報の文章、案内、紹介、連絡、依頼などの文章や手紙のほか、会議や裁判などの記録、報告書、説明書、企画書、提案書などの実務的な文章、法律の条文、キャッチフレーズ、宣伝の文章」などが掲げられている。また、「インターネット上の様々な文章や電子メールの多く」も含まれている。今後は、このような実用的な文章の教材開発を工夫する余地がある。

## 比較と図表・写真

最後に、「小学校」「中学校」ともに話題になっている要素をもう二点掲げておきたい。その一つは「比較」という観点である。「第5学年及び第6学年」では、「話すこと・聞くこと」に、次のような「内容」があった。

話し手の目的や自分が聞こうとする意図に応じて、話の内容を捉え、話し手の考えと比較しながら、自分の考えをまとめること。

続いて「読むこと」の言語活動例では、以下のような活動が見られる。

説明や解説などの文章を比較するなどして読み、分かったことや考えたことを、話し合ったり文章にまとめたりする活動。

なお、この方向は「中学校」でも共通している。ある教材を扱うときに、「比較」という観点から関連する教材を開発したうえで、両者を関連付けて扱うことによって読みを深めることが求められる。

いま一つは「図表・写真」である。「PISA」調査で話題になった「非連続型テキスト」は、二〇〇八年版でも取り上げられた要素であるが、今回の「小学校」「中学校」ともに登場している。例えば「中学校」の「指導計画の作成と内容の取扱い」には、「読むこと」の「教材」として、次のようなものが含まれている。

説明的な文章については、適宜、図表や写真などを含むものを取り上げること。

ここに見られる「図表や写真など」の教材開発は、映像がますます重視される時代において、今後は特に意識して取り組むべき課題となるはずである。

# Ⅰ－3 言語活動例のどこに注目するか（その1）
## ――二〇一七年版小・中学校学習指導要領をめぐって

### 図表・写真の教材開発

浜本純逸は『国語科教育総論』（溪水社、二〇一一）において、学習者がマンガやアニメーション、テレビ、ゲームなどに親しんでいるという現状を踏まえたうえで、次のように述べている。

映像文化を学習材化して、「映像を読み解く力を育て、映像を価値づけ、新しい意味を発信する」能力を育てていくことが、これからの読書リテラシーの指導に求められており、すでにさまざまな実践も試みられている。（一〇八頁）

国語教育において「見ること」を重視する動向は広がりつつあり、本格的な研究成果が発表されるようになった。そのような動向に学習指導要領はどの程度関わることができるのか、注目してみた。用語のうえからは、「映像」「画像」「絵」などの文言は前面には出てこないものの、「図表」「写真」という用語を確認することができる。

二〇一七年版小・中学校学習指導要領（以下、それぞれ「小学校」「中学校」と称する）について、まず「小学校」の場合は、「第5学年及び第6学年」の「思考力、判断力、表現力等」における「読むこと」の指導事項に次のように示されていることに注目したい。

目的に応じて、文章と図表などを結び付けるなどして必要な情報を見付けたり、論の進め方について考えたりすること。（傍線は引用者による。以下同じ。）

引用箇所の傍線部について、二〇一七年六月に公表された『小学校学習指導要領解説・国語編』では「文章中に用いられている図表などが、文章のどの部分と結び付くのかを明らかにすることによって、必要な情報を見付けたり、論の進め方を捉えたりすること」と解説されている。加えて「指導計画の作成と内容の取扱い」には、「読むこと」の「教材」について、次のように示されている。

説明的な文章については、適宜、図表や写真などを含むものを取り上げること。

ここに見られる「図表や写真など」の教材開発は、映像がますます重視される時代において、今後は特に意識して取り組むべき課題となるはずである。

続いて「中学校」について確認してみると、小学校に対応する内容が見られる。「第2学年」の「思考力、判断力、表現力等」における「読むこと」の指導事項として、次のような内容が掲げられている。

文章と図表などを結び付け、その関係を踏まえて内容を解釈すること。

そして「指導計画の作成と内容の取扱い」では、「読むこと」の教材に関しては小学校とまったく同様に、「図表や写真などを含むもの」を適宜取り上げるように定められていることが分かる。

本節で注目する「言語活動例」では、「第1学年」の「書くこと」に、次のようなものが見られた。

本や資料から文章や図表などを引用して説明したり記録したりするなど、事実やそれを基に考えたことを書く活動。

以上概観したように、「小学校」「中学校」とも二〇〇八年版学習指導要領と同様に「図表や写真」への言及が見られるものの、浜本純逸が言及した「映像文化」の「学習材化」にまで踏み込んでいるとは言い難い。言語活動例においても、「図表」そのものを教材として取り上げるという方向にはなっていないような気がする。映像文化がますます広がりを見せる今後の状況において、国語科においても、映像文化の教材開発を目指す意味は大きいと考えている。

## 創作の授業開発

今回わたくしが注目した第二点として、「創作」がある。創作の活動には、学習者の興味・関心を喚起する要素が多く含まれている。国語科の授業で創作を楽しむ活動を取り入れることによって、学習者の表現意欲が喚起され、国語の学力育成にも資することになる。特に具体的な指導法の開発と、効果的な評価の工夫によって、創作をより積極的に授業で扱うようにしたい。

新学習指導要領では、「小学校」「中学校」ともに、「創作」に直接関連する要素が言語活動例に含まれている。例えば「小学校」では、「書くこと」の領域の言語活動例に、以下のようなものが含まれている。

簡単な物語をつくるなど、感じたことや想像したことを書く活動。（第1学年及び第2学年）

詩や物語をつくるなど、感じたことや想像したことを書く活動。（第3学年及び第4学年）
短歌や俳句をつくるなど、感じたことや想像したことを書く活動。（第5学年及び第6学年）

このように、すべての学年において創作が言語活動例に含まれている。同じことが「中学校」の言語活動例でも指摘できる。すなわち小・中学校ともに学習指導要領において、詩歌や物語、随筆を書くという創作的な活動が組み込まれたことが明らかになる。これはすでに取り入れられたことではあるが、改訂を経てより明確に位置付けられたことが分かる。

## 実用的な文章への目配り

いま一つ注目したいのは、「中学校」の第3学年の「読むこと」の言語活動例に登場する「実用的な文章」である。

実用的な文章を読み、実生活への生かし方を考える活動。

二〇一七年版『中学校学習指導要領解説・国語編』では、「実用的な文章」について以下のように解説されている。

実用的な文章としては、広告、商品などの説明資料、取扱説明書、行政機関からのお知らせなどとして書かれた多様な文章が考えられる。

二〇二〇年度からは、大学入学試験も新たな形態となる。その「大学入学共通テスト」のモデル問題も話題になっているが、「実用的な文章」に関わる内容が見られる。これまで国語科の教材の主流を占めてきた文学的な文章、論理的な文章に加えて、実用的な文章に関してもしっかりと目配りをしながら、教材開発・授業開発を進める必要がある。

## I－4 言語活動例のどこに注目するか（その2）
### ――二〇一八年版高等学校学習指導要領をめぐって

**高等学校の場合**

二〇一八年三月に告示された高等学校の学習指導要領では、国語科において科目の構成が大きく改訂されたことから、教育現場に及ぼす影響は大きいと思われる。加えて今回は、新しい教育課程の実施が大学入試制度改革とも重なる時期になることからも、様々な形で話題になっている。

ところで一九九八、九九年版学習指導要領では、「内容の取扱い」に「言語活動例」が示されるようになった。二〇〇八、〇九年版になると、「言語活動例」は「内容」に示された。学習指導要領に具体的な「言語活動例」が示されたことは、教科書の内容や現場での授業の在り方に少なからず影響を与えることになる。それは二〇一七、一八年版においても踏襲され、「内容」の〔思考力、判断力、表現力等〕に「言語活動例」が示されている。

本節では二〇〇九年版高等学校学習指導要領（以下「旧版」と称する）における「言語活動例」（以下「活動例」と称する）について、重視した点を踏まえて、二〇一八年版高等学校学習指導要領（以下「新版」と称する）における国語科の言語活動例を取り上げつつ、特に着目すべき要素について明らかにする。なお引用は特に断り書きを付さない場合は新版からの引用で、傍線はすべて引用者が付したものである。

## 旧版の活動例で着目した点

旧版の活動例で、特に着目した点は以下の三点である。

① 図表と画像
② 創作的な活動
③ 比較

これらに関しては、新版においても引き続き着目したい点にほかならない。まず、第一に掲げた「図表と画像」は、新版の活動例においても取り上げられている。以下、具体的に示された活動例の中から、特に注目した点を引用する。

まず必履修科目「現代の国語」では、以下のような活動例が見られる。なおカッコ内は、その活動例が取り上げられた領域を記したものである。

イ　異なる形式で書かれた複数の文章や、図表等を伴う文章を読み、理解したことや解釈したことをまとめて発表したり、他の形式の文章に書き換えたりする活動。（「読むこと」）

続いて選択科目の「国語表現」の言語活動例は、以下のように示されている。

ウ　異なる世代の人や初対面の人にインタビューをしたり、報道や記録の映像などを見たり聞いたりしたことをまとめて、発表する活動。（「話すこと・聞くこと」）

オ　設定した題材について調べたことを、図表や画像なども用いながら発表資料にまとめ、聴衆に対して説明する活動。（「話すこと・聞くこと」）

イ　文章と図表や画像などを関係付けながら、企画書や報告書などを作成する活動。（「書くこと」）

これらの引用から明らかなように、「図表と画像」は、「話すこと・聞くこと」「書くこと」「読むこと」のすべての領域にわたって取り上げられている。そして図表と画像のみが単独で取り上げられるのではなく、常にことばとの関連において取り扱われているという点も重視しなければならない。

そして旧版の活動例で続いて着目した「創作的な活動」に関しても、新版の活動例に様々な取り上げ方が見られる。まず必履修科目の「言語文化」では、以下のような活動例がある。

ア　本歌取りや折句などを用いて、感じたことや発見したことを短歌や俳句で表したり、伝統行事や風物詩などの文化に関する題材を選んで、随筆などを書いたりする活動。（「書くこと」）

ここでは、短歌や俳句、および随筆などを書くという創作的な活動が取り上げられている。続いて選択科目「文学国語」では、次のような活動例が見られる。

ア　自由に発想したり評論を参考にしたりして、小説や詩歌などを創作し、批評し合う活動。（「書くこと」）

ウ　古典を題材として小説を書くなど、翻案作品を創作する活動。（「書くこと」）

ウ　小説を、脚本や絵本などの他の形式の作品に書き換える活動。（「読むこと」）

ここで注目したいのは、「読むこと」の言語活動例においても創作が取り入れられているという点である。その傾向は、選択科目「古典探究」にも見ることができる。

ウ　古典を読み、その語彙や表現の技法などを参考にして、和歌や俳諧、漢詩を創作したり、体験したことや感じたことを文語で書いたりする活動。（「読むこと」）

このように、「読むこと」に関わる活動例として、現代文分野、古典分野ともに創作が掲げられている。新版になって、ますます創作を取り上げるという方向性が明確になったと見ることができよう。

もう一つ旧版の活動例の特色として「比較」という要素を挙げたが、これもまたそのまま新版へと引き継がれている。以下に「比較」に関連する活動例をいくつか引用したい。まず必履修の「言語文化」である。

ウ　異なる時代に成立した随筆や小説、物語などを読み比べ、それらを比較して論じたり批評したりする活動。（「読むこと」）

ここで取り上げられた「読み比べ」および「比較」に関しては、ほぼ同じように「論理国語」でも活動例に挙げられた。

エ　同じ事柄について異なる論点をもつ複数の文章を読み比べ、それらを比較して論じたり批評したりする活動。（「読むこと」）

さらに「古典探究」でも「読み比べ」と「比較」がそれぞれ取り上げられている。

イ　同じ題材を取り上げた複数の古典の作品や文章を読み比べ、思想や感情などの共通点や相違点について論述したり発表したりする活動。（「読むこと」）

カ　古典の言葉を現代の言葉と比較し、その変遷について社会的背景と関連付けながら古典などを読み、分かったことや考えたことを短い論文などにまとめる活動。（「読むこと」）

以上のように、旧版において重視した活動例に関しては、そのすべてが新版においても同様に着目すべきことが明らかになった。

## 新版の活動例で注目すべき点

前項で取り上げた旧版の活動例で注目した三点は、そのまま新版においても継続して取り上げたい特徴となっている。わたくしはこれらの点が具体的に国語科教科書にどのように反映されているのかを調査し、早稲田大学で実施されている教員免許更新講習その他の場所で公表してきた。すなわち、活動例は教科書への影響が大きく、それは教育現場の授業内容にも反映されることが明らかになったものである。

そこで続いて本節では、新版で新たに注目すべき活動例について整理することにしたい。

## ① 実社会との関連

まず指摘したいことは、実社会との関連が重視されているという点である。「実社会」という用語は、「現代の国語」「論理国語」「国語表現」の「目標」に次のように用いられている。

実社会に必要な国語の知識や技能を身に付けるようにする。

特に「実社会に必要な」という要素が、科目の目標において位置付けられている点に注目したい。この点は当然のことながら、〔知識及び技能〕と〔思考力、判断力、表現力等〕そして活動例にも反映されることになる。さらに重視したいのは、「実社会」との関連において「実用的な文章」が具体的に取り上げられた点である。以下に「実社会」そして「実用的な文章」に関わる活動例を何点か引用しておきたい。

「現代の国語」では、「書くこと」と「読むこと」のいずれの領域にも「実用的な文章」が取り上げられている。このうち「書くこと」の活動例には、以下のようなものが見られる。

ア　論理的な文章や実用的な文章を読み、本文や資料を引用しながら、自分の意見や考えを論述する活動。（「書くこと」）

また「書くこと」の活動例には、「手順書や紹介文」「案内文や通知文」「報告書や説明資料」などのまさに実社会に直結する具体的な文種が登場する点にも注意しなければならない。これは他の領域、そして他の科目にも共通する特徴である。

「論理国語」でも、以下のように「実用的な文章」は話題になる。

ア　論理的な文章や実用的な文章を読み、その内容や形式について、批評したり討論したりする活動。（「読むこと」）

そして「国語表現」においては、「実務的」という文言も使用されている。

エ　紹介、連絡、依頼などの実務的な手紙や電子メールを書く活動。（「書くこと」）

ここでは「手紙」に加えて「電子メール」が取り上げられている。このように「実社会に必要な」という要素が重点的に取り上げられている点は、新版の重要な特色となっている。そしてこの特色は、さらに具体的な活動例として位置付けられている。

これらの活動は他の科目でも取り上げられているものだが、まさに実社会につながるものであり、新版の実社会との関連が明確に表れたものと見ることができよう。

## ② 他教科等との関連

新学習指導要領の基盤となったのは、周知のように二〇一六年一二月の中央教育審議会の答申である。その第2部第1章2項の「小学校」では、「外国語教育の充実」が話題になっている。具体的な記述は以下の通りである。

国語教育と外国語教育は、（中略）学習指導要領等に示す指導内容を適切に連携させたり、各学校において指導内容や指導方法等を適切に連携させたりすることによって、（中略）言葉の働きや仕組みなどの言語としての共通性や固有の特徴への気付きを促すことを通じて相乗効果を生み出し、言語能力の効果的な育成につなげていくことが重要である。

国語科はことばを直接学ぶ教科であることから、自ずとすべての教科と関わることになるが、特に新学習指導要領では外国語教育との連携が取り上げられている。この引用は外国語教育に関する内容ではあるが、国語教育の観点からも同様の指摘ができる。さらに国語科に関する記述にも、「国語科が、中心的役割を担いながら他教科等と連携して言語能力の向上を図る」という点が掲げられていることに注目しておきたい。

この他教科との連携という要素は、本節で考察している新版とも無関係ではない。まず活動例に関しては、「言語文化」に次のようなものがあった。

エ　和歌や俳句などを読み、書き換えたり外国語に訳したりすることなどを通して互いの解釈の違いについて話し合ったり、テーマを立ててまとめたりする活動。（「読むこと」）

ここでは明らかに、「外国語に訳す」という外国語科との連携が求められている。教材として、外国語に翻訳された俳句を紹介するなどの扱いも容易にイメージできる。

新版の「第3款　各科目にわたる指導計画の作成と内容の取扱い」に、以下のような配慮事項がある点にも注意が必要である。

（5）　言語能力の向上を図る観点から、外国語科など他教科等との関連を積極的に図り、指導の効果を高めるようにすること。

特に外国語科との関連については、いくつかの先行研究・実践を参考に、具体的な扱い方を模索したいと思う。

### ③「共同」と「演劇・映画」

続けてもう一つ、これは特に「文学国語」の活動例で取り上げられた点ではあるが、わたくしが個人的に注目したい要素を二点指摘しておきたい。その一点目は、次の活動例に見られる「共同」という要素である。

エ　グループで同じ題材を書き継いで一つの作品をつくるなど、共同で作品制作に取り組む活動。（「書くこと」）

教室での学びは大別すると「個人」「グループ」「クラス」の三つの位相がある。このグループレベルの学びが、この活動例には明確に位置付けられている。特に創作的な活動を展開する活動で、グループレベルの「共同」という要素が取り上げられた点は重要である。具体的な実践を通して、この活動例を生かす方向を模索する必要がある。

二点目は、「演劇や映画」が活動例に取り上げられた点である。具体的には以下の活動例に注目したい。

エ　演劇や映画の作品と基になった作品とを比較して、批評文や紹介文などをまとめる活動。（「読むこと」）

実は、「文学国語」において「演劇や映画」が取り上げられたのは活動例のみではない。「内容の取扱い」における教材に関する規定にも、次のように定められている。

ア（前略）また、必要に応じて、翻訳の文章、古典における文学的な文章、近代以降の文語文、演劇や映画の作品及び文学などについての評論文などを用いることができること。

このように、国語科の学習指導要領において「演劇や映画」が明確に位置付けられたことはきわめて重要であり、今後演劇や映画が国語科の教材として扱われ、実践される方向が拓かれたことに期待したいと思う。

## 大きな変化を受けて

これまで、新版の活動例を検討した上で、特に注目すべき要素について言及してきた。本節で取り上げた特徴はまだ十分なものとは言い難いことから、今後はさらに全体をしっかりと検討して、より詳細な指摘を考察とともに明らかにしなければならない。

明日の授業を、学習者にとって少しでも「楽しく、力のつく」ものにしたいという思いは、わたくしの中に常にある願いである。学習指導要領が改訂されても、高等学校の担当者にはあまり影響が見られないと言われるが、改訂を一つの契機として魅力溢れる授業の実践につなぐことができれば効果はある。特に大学入試も新たな制度になるという状況の下で、二〇一八年版の改訂は大きな変化となることは事実である。

本節では言語活動例に着目して、効果的な授業につながる要素を抽出してきた。新版の活動例を吟味して、重要と思われる点を明らかにしたことになる。特に旧版の活動例において注目した要素は、そのまま新版にも継続されている。授業改善に関わる要素に、これからも続けて着目したいものである。活動例は教科書の内容にも直接反映されることになる。常に新しい教科書の動向にも目を向けつつ、新版の活動例の特色を先取りした形の授業構想を展開してみたい。

## I－5

# 「話すこと・聞くこと」の実践的課題

本節では特に高等学校を中心に、「話すこと・聞くこと」の領域を実践するに際しての課題を明らかにしてみたい。特に二〇〇九年告示の高等学校学習指導要領（本節では、以下「旧版」と称する）との比較を試みつつ、二〇一八年告示のもの（以下「新版」）の特徴を確認する。

旧版では必履修科目は「国語総合」で、その内容は「話すこと・聞くこと」「書くこと」「読むこと」の三領域に分けて示されている。それが新版においては、必履修が「現代の国語」と「言語文化」の二科目となり、内容が〔知識及び技能〕と〔思考力、判断力、表現力等〕とに分かれ、後者が領域ごとに分けて示されることになった。必履修科目では「現代の国語」に「話すこと・聞くこと」が含まれており、この領域を担う科目という位置付けになっている。

新版では選択科目もすべてにわたって、〔思考力、判断力、表現力等〕が領域ごとに示されている。ただし、「話すこと・聞くこと」の領域が設けられているのは、「国語表現」のみである。

ここで「内容の取扱い」に掲げられた配当時間を見てみると、旧版の「国語総合」における「話すこと・聞くこと」の配当時間は「一五〜二五単位時間程度」となっている。これに対して、新版の「現代の国語」では「二〇〜三〇単位時間程度」を配当するように求められている。さらに現行版の「国語表現」では、領域に分けられていないことからも配当時間の規定は見られないが、新版では「話すこと・聞くこと」を「四〇〜五〇単位時間程度」配当するように定められている。これによって「話すこと・聞くこと」の領域の学びでは、今後より充実した取り組みが必要になる。

次に「言語活動例」に関して新版の「現代の国語」の「話すこと・聞くこと」の領域では、例えばスピーチ（同意、質問、反論）、報告・連絡・案内（話、質問、批評）、話合い（議論、討論）、発表などの言語活動が示された。また「国語表現」の「話すこと・聞くこと」においては、スピーチ、面接（自分のことを伝える、批評）、連絡・紹介・依頼（話、批評）、インタビュー、発表、話合い（議論、討論、批評）、説明などの言語活動例が掲げられている。このように多様な言語活動例が示されたことも新版の特色の一つであり、それらを効果的に組み合わせた単元の編成が課題となる。

新版でさらに注目したい点は、実社会という用語である。この用語は科目の「目標」に登場する。すなわち、「現代の国語」と「論理国語」、および「国語表現」の「目標」には、共通して次のような文言が見られる。

実社会に必要な国語の知識や技能を身に付けるようにする。（傍線は引用者、以下同じ）

この「実社会に必要な」という「目標」はそのまま、「現代の国語」における「話すこと・聞くこと」領域の、「目的や場に応じて、実社会の中から適切な話題を決め」という「内容」につながってくる。なお「国語表現」にもほぼ同じ文言が見られる。このような「実社会」とのつながりを重視する観点が新版の様々な内容で取り上げられているという事実には、しっかりと目を向けなければならない。具体的な単元の構想に際して、実社会との有効なつながりという要素をどのように生かすのかという点は、重要な実践的課題である。

もう一点配慮しておきたいのは、新版の基盤となった中央教育審議会の答申（二〇一六年一二月）にある「考えの形成」という要素である。答申によれば、「資質・能力を育成する学びの過程についての考え方」として、次のような指摘がある。

「話すこと・聞くこと」、「書くこと」、「読むこと」のいずれの学習過程においても、「情報を編集・操作する力」、「新しい情報を、既に持っている知識や経験、感情に統合し構造化する力」、「新しい問いや仮説を立てるなど、既に持っている考えの構造を転換する力」を働かせ、考えを形成し深めることが特に重要である。

特に「話すこと・聞くこと」の領域で、考えの形成を図るために、具体的にどのような学習指導が展開できるのかを検討することは、重要な実践的課題となる。

「話すこと・聞くこと」の領域は実社会との接点が多く、学習者の生活する日常に特に深く関わっている。にもかかわらずこの領域の学習指導は、「書くこと」や「読むこと」と比較すると、充実しているとは言い難い現状ではあるまいか。特に高等学校では、体系的な指導法の確立はまさに今後の課題であろう。そもそも指導者自身が十分な指導を受けてこなかったことからも、効果的な指導法が開発されにくい。新版が告示され、大学入試制度も今後大きく転換するという状況の中で、この領域の学習指導の充実は重要な課題である。

# Ⅰ－6

# 教育課程と授業の工夫
## ――高等学校の「国語表現」に即して

教育課程と国語教育について考えると、学校全体の教育課程編成に関わる課題から、個々の指導者における年間指導計画の検討に至るまで、様々な課題を確認することができる。「カリキュラム・マネジメント」が話題になり、広く教育課程の在り方に関心が寄せられるようになった。そこで本節では高等学校の科目編成という観点に着目して、一つの問題提起を試みることにしたい。

高等学校の学習指導要領で特に注目したいのは一九六〇年告示のもの（以下告示年で示す）で、それまでの必修科目「国語（甲）」が「現代国語」と「古典」とに分化したことは重要である。これ以後、一九七八年版で「国語Ⅰ」「国語Ⅱ」という総合科目が再度登場したものの、高等学校の現場では「現代文」と「古典」とに分けて扱うという方向が主流となった。この傾向は、その後一九九九年版で「国語総合」という必修科目が登場してからも、長く続くことになる。二〇一八年に告示された高等学校学習指導要領では、新たな科目が設置されたので、その位置付けや扱い方などが教育現場の関心を集めることになった。

ところでわたくしが注目しているのは、一九七八年版において新たに設置された「国語表現」という科目である。この科目の扱い方をめぐっては、現場での理解は多用で、必ずしも支持されてきたとは思えない。設置する学校も決して多くはなかったと思われる。その理由の一つは、「国語表現」という科目の名称から、作文指導がイメージされることにある。指導者は学習者が書いた作文をいかに効率的に評価するかという課題に直面することから、その負担の大きさがこの科目の設置率が上がらない理由になったことは想像に難くない。

にもかかわらず、その後の改訂において「国語表現」という科目は存続することになった。一九八九年版で新設された「現代語」という科目が、次の改訂で早くも姿を消したこととは対照的に、「国語表現」は残り続けた。ちなみに二〇一八年に告示された高等学校学習指導要領においても、「国語表現」は設置された。

わたくしの前任校では勤務当時「国語表現」が高等学校三年生に一単位設置されていたが、この科目を担当したことがある。クラスによって複数の指導者が分担して担当することになり、あらかじめ担当者間で打ち合わせをして指導方針を協議した。表現の活動を中心に扱うことと、学期末の評定においてクラスによる差異が生じないように配慮することを確認したうえで、教材や授業の内容は各担当者の判断で自由に扱うことにした。その結果、学習者の実態を踏まえつつも、指導者ごとに個性的な授業が可能になったことになる。

この「国語表現」は、授業を構想し展開する立場として、情熱を持って取り組むことができたのは事実である。単元学習を取り入れた実践も工夫した。学習者の反応には確かな手応えが感じられ、興味・関心を喚起しつつも表現力の育成に資する授業が達成できたと思う。これは、勤務校の国語科の教育課程に「国語表現」が設置されていたからにほかならない。

高等学校の国語科の授業を考える際に、まず想起されるのは「現代文」と「古典」ということになろう。そして主流となるのは、やはり読解の授業である。これは、大学入試という制度が大きな影響力を有することが一因となっている。それに比べると、「国語表現」はいささか傍流であるかのようなイメージもある。しかしながら現代社会の中で、ことばで表現する力を身に付けることの意味は大きい。大学入試の制度が大きく転換するという状況の中で、「国語表現」を見直す意味があるのではないか。ちなみに、大学においても「国語表現」関連の科目が設置されるという現状にある。学校設定教科・科目も含めて、「国語表現」関連の授業を教育課程に生かすことはもっと見直されてよい。

本節では特に高等学校を例として取り上げたわけだが、どの校種でも何をどのように扱うのかという教育の基本を、教育課程によってしっかりと位置付け、確認しなければならない。そして教育課程に即した授業の工夫は、教師の重要な仕事である。

教育課程を、与えられたものとして受動的にとらえるのではなく、より主体的かつ積極的にカリキュラム・マネジメントに関わるようにしたい。そして、教育課程を活用して授業のさらなる充実を図りたい。個々の授業を工夫して、学習者にとって、そして指導者自身にとっても魅力ある、そして確かな学力育成に資するものにする必要がある。

# Ⅱ

# 授業を楽しむために

## ――国語科授業創りの基礎・基本――

## Ⅱ－1

# 魅力ある授業開き
## ――出会いの季節をどのように彩るか

四月はまさに出会いの季節、個々の教室では新しい学習者との出会いがある。授業開きにどのような授業を展開するか、担当者は様々な工夫を凝らしている。

何事も「始めが大事」である。最初の授業のイメージは、学習者の中に後々まで残り続けることになる。そこで改めて授業開きの主な目標を考えてみると、その一つは国語科の授業、そして国語科の学習に対する学習者の興味・関心を喚起することである。

まず「国語」は面白そうだ、という印象を学習者全員に与えなければならない。興味・関心は最も重要な学びの出発点になる。最初の授業で学習者をしっかりと授業に惹きつける、そのための工夫が求められることになる。

続けて、授業開きの際の教材について考えてみたい。もちろん教科書では、順を追って学習が円滑に展開するような配慮がなされている。すぐに教科書を開くことも一つの方法であろう。ただし、ここではあえて自主教材を提案することにしたい。

わたくし自身が中学校一年生の授業開きで実践した教材は、学校の校歌の歌詞であった。特に一年生の授業では効果的な教材としての役割が期待できる。わたくしが勤務したのは大学の系列校だが、校歌の歌詞は文語定型詩で、「都のいぬゐ早稲田なる」ということばで始まる。この歌詞の冒頭にある「いぬゐ」ということばは、まさに格好の教材になった。

授業開きも「授業」の一環である。学習者の自己紹介や一年間の授業のガイダンスのみで終わるような内容は避けたい。国語科の授業を通して、国語の面白さを伝え、また学習方法や授業の進め方などのガイダンスもあわせて行なうことが必要になる。そこで学習者に生徒手帳を参照させて、そこに記載された校歌の歌詞を読むという活動から出発する。

校歌の歌詞の冒頭にある「いぬゐ」から、まず五十音図の学習を展開することができる。特に「ワ行」にある「ゐ」や「ゑ」に関しては、よく理解できていない学習者が多い。漢字から平仮名と片仮名ができた経緯を説明し、平仮名と片仮名の表記で「ワ行」の文字が正しく書けるかという話題を展開する。授業は自然に古典の文字表記の話題になって、学習者の多くは身近なことばの話題として興味を示すことになる。

続けて、いろはうた、さらに十干・十二支を用いた時刻・方位の表し方へと話題が展開する。特に十干・十二支を用いた古時刻や古方位の表し方には、関心を抱く者が多く、「午前」や「午後」、さらに「子午線」のようなことばの由来を知ると、強い興味を示す。そして「都のいぬゐ」が大学の校歌の歌詞の「都の西北」と同じ意味を表すこと、作詞者が大学の校歌と同じ相馬御風《そうまぎょふう》であるということにつなげるとき、学習者のことばの学びへの関心、そして学校への関心を喚起することができる。

高校野球の甲子園での全国大会では、試合に勝利した学校の校歌が球場に流れて、テレビの画面では歌詞が表示される。そこで勤務校が甲子園で勝利をおさめたときの校歌の場面の録画から授業を始めると、学習者は映像に惹きつけられ、そのままことばの学びの世界へといざなわれる。これは、勤務校の状況に即した一つの工夫である。

出会いの季節を彩りつつ、国語学習の中に学習者を引き込むこと、それが授業開きの最大の課題である。成功させるためには、指導者の工夫と力量が厳しく問われることになる。

# Ⅱ－2 「国語好き」にさせる発問
## ――対話型・創造的発問のすすめ

### 国語の好き・嫌いと発問

国語という教科の好き・嫌いに関する調査をするたびに、「国語嫌い」の学習者が多いという事実が明らかになる。その理由として常に提示されるのは、国語科の目標や領域が明確でないということ、そして学習の方法がよく分からないということの二点である。加えて、教材および授業が面白くないと訴える者がいる。何よりも教師が一方的に展開し、対話がないという授業形態に対して、不満を持っている学習者が多い。さらに、多様な読みの可能性が制限されるという評定に対する疑問も、彼らを国語から遠ざける一因である。「国語嫌い」を克服して学習者を「国語好き」にするために、まず彼らの声に耳を傾けてみたい。

授業を構成する基本的な要素は、「発問」と「指示」である。特に発問は、学習者との対話を実現するためにも効果的な内容にする必要がある。発問を通して、「国語嫌い」の原因を取り除くことができれば、学習者を「国語好き」へと導く可能性が開かれる。国語科の担当者は多くの先行研究に学びつつ、発問に関する実践的な研究を積み重ねる必要がある。

先に明らかにした「国語嫌い」の原因に対応するための発問創りについて、実践を基盤としたいくつかの提言を試みたい。特に、学習者の知的好奇心を育てるための発問を重点的に取り上げることにする。以下に取り上げるのは、小学校・中学校のいずれの学年でも実践することができる内容である。

## 「対話型発問」と「創造的発問」のすすめ

国語科の発問は様々な観点から分類が試みられている。特に知識に関する発問では、学習者の意識を教師側で用意した解答へと向けるために、話し合いの方向を定めることがある。すなわち、一つの発問に対して一つの答えが対応することを前提として、授業を組織することになる。この形態では、学習者が「正答」を発言した場合はそれで収束し、もしも「誤答」の場合にはさらに発問を続けるという対応が多い。

これに対して、特に「筆者の考え方についてどう思うか」のような、学習者の考え方を引き出すための発問では、学習者から提起された意見を交流させるという扱いが主流となる。このように、発問の内容によって授業における扱い方が工夫される。ここで前者の方法を「一問一答型」、後者の方法を「対話型」としてとらえたとき、今後は発問の内容にかかわらず、意識的に「対話型」の発問を取り入れるようにしたい。

発問によって、教室の子どもたちを授業に参加させ、教師と学習者、学習者相互、さらに教師と学習者の間に教材を置いて、相互のインタラクティブなメッセージのやり取りを通して学習内容が深まることが大切である。

もう一つ、別の観点から発問の二つの在り方を考えると、教材の内容の範囲に限定した解釈を求める「読解的発問」と、教材から離れた場所をも視野に入れた創造的な読み方を求めるための「創造的発問」とに分けることもできる。例えば試験問題のように提示文の範囲から読解を深めるための問いを立てるのが「読解的発問」であり、学習者自身の体験と想像力をもとにして理解を広げるための問いを「創造的発問」としてとらえることができる。この二つの発問も、何を目標に授業のどの段階で扱うのかによって区別して用いているわけだが、学習者を「国語好き」にさせるという目的のために、「創造的発問」をより重視する方向を検討したい。

教室には多様な個性を有する子どもたちがいる。そこには自ずと独自の「文化」が生成されている。わたくしはそれを「教室の文化」と称しているが、授業はこの「教室の文化」を生かした方向で構想される必要がある。そして「教室の文化」を生かすためには、特に「対話型」の「創造的」発問によって、教師と学習者と教材とが一体となった授業を実現するようにしたい。

次項ではさらに具体的な事例に即して、教材と一体となった発問の在り方を提案する。

## 教材と一体となった発問創り

学習者に教材を提示する際に、発問の要素を含めて考えることができる。テレビ番組のプレゼンテーションでは、パネルの一部分をシールで隠して提示してから、後でシールを剥がしてその箇所を明らかにするという方法がよく用いられている。それにならって、作品のタイトルやキーワードを隠したものを、教材として用いることを提案したい。

例えば身近な対象を新たな視点からとらえなおし、発想を豊かにするための表現活動として「見立て」の方法を扱うとき、まどみちおの「シマウマ」などの短詩は適切な教材となる。タイトルの箇所を隠した詩を紹介するだけで、「この詩は何を表現したものか、詩のタイトルは何か」という発問が自ずと組み込まれることになる。すなわち、教材の中にすでに発問が含まれている。学習者が自由に想像したことばをクラスの中で交流させながら、発想を広げることができる。特に「正解」ということではなく、あくまでも参考情報という位置付けで作者のタイトルを紹介すると、学習者は一様に納得する。

学習者から多様なタイトルが提起されたら、必ず「そう考えたのはなぜか」という発問を続けることにする。さらに異質の解答が提示されたら、その理由に関する発問をして話し合いを展開する。教師が学習者との対話を通して多様な考え方を交流させることによって、彼らの視野を広げることができる。

授業はこの後、「見立て」の方法を用いて身近な素材を表現するという活動へと展開する。タイトルを考えるという発問から出発して、「国語好き」へと至らしめる発問は、有効なものである。佐藤雅彦の『プチ哲学』（マガジンハウス、二〇〇〇）にも発問が内在した教材の候補が多数含まれている。この本では見開き二ページで一つのトピックが扱われ、イラストと文章の取り合わせによってそのトピックを紹介するという構成になっている。新しい教材の開発とともに、個々の教材に即した発問を工夫することも、教師の大切な仕事である。

冒頭で言及した子どもたちの「国語嫌い」は、授業が成立しないという教師側の問題に起因することが多い。対話型の創造的な発問を通して、学習者を授業へといざなうという地道な努力を積み重ねたい。発問は、授業創りのためのきわめて重要な手立てである。

# Ⅱ－3

# 学習者とともに創る板書を

## 黒板はなくならない

授業への教育機器の導入が普及して、教師がパソコンを使用する授業が増えている。特にパワーポイントなどのプレゼンテーション用のソフトが、国語科の授業でも利用されるようになった。教師は映像や文字のレイアウトを工夫して準備を徹底し、効果的な展開を目指して授業に臨むことになる。

準備には多くの時間を費やすにもかかわらず、パソコンを用いた授業は学習者からは決して好評とは言えない。その最大の理由は、授業中にノートを取るという学習活動がうまくできないということにある。スクリーンに投影される画像は、ノートにメモする間もなく次々と変化する。スクリーンを眺めつつ教師の説明を聞いて授業内容を理解するのが精一杯で、ノートを整理する余裕がまったくないという不満の声をよく耳にする。

それならば画面に投影する内容をあらかじめプリントして配布したらどうかというと、今度はプリントにばかり目が行って、学習者は肝心な画面を見なくなってしまう。教師は、個々の学習者の反応にきめ細かく目配りをしつつ、授業を効果的に展開しなければならない。

現段階では、黒板の機能のすべてにパソコンが対応できているとは言いがたい。特に国語科の伝統的な一斉授業の形態では、黒板は優れた効果を発揮する。まだしばらくは、教室から黒板が消えることはないだろう。黒板とパソコンとを併用するという工夫が必要になる。教師はプレゼンテーションソフトを駆使することばかりに時間を費やすことなく、効果的な板書の方策について十分に検討を加えるべきである。

## 発問と板書の効果的な連携

板書の基本は、授業の展開に即してなされるということである。結果よりもプロセスを大切にしたい。もちろん手書きの文字を書くという活動自体が、いまはとても大切な要素になっている。パソコンやスマートフォンでのメールやＳＮＳが普及して、手書きの文字を書く機会は確実に減りつつある。教師は学習者からの視線に注意を払いつつ、書き順や文字の大きさに配慮して、一字一字をしっかりと黒板に書く。

効果的な板書は、発問との効果的な連携から成立する。まず学習者に発問を投げかけて、彼らからの応答を受けて板書をするという方向である。以下に、小学校中学年から中学校にかけての広い校種において、主に授業開きで扱える発問と板書の具体例を紹介する。

授業では「国語」が「ことば」を扱う教科であることを確認したうえで、次のような発問を投げかける。

国語の学習では、体のどの部分を使いますか？

学習者からは様々な身体の部位が挙げられるが、「頭」はどの教科でも用いるということで除外する。すると、彼らの中から挙げられる部位は、次の四つにほぼ集約される。教師はその部位を漢字でゆっくりと板書する。

耳／口／目／手

続いて、それぞれの部位に関してさらに発問をし、適宜説明を加えながら、色チョークを用いてその漢字に書き加えてゆく。

「耳」を使って、何をするのですか。（「門」を書き加えながら、以下同様に）そうですね。「耳」はことばを「聞く」ところです。「口」はどうですか。「口」の中には「舌」がありますね。そしてことばを「言」って、「話す」ところです。「目」はもちろんものを「見る」ところですが、文字としてのことばを「見る」とは言いませんね。そうです。ことばを「読む」のです。

以上のようなやり取りを続けているうちに、学習者は次第に教師の板書に注目するようになる。黒板に書かれたある漢字から別の漢字が生まれるプロセスは、確実に彼らの関心を引き付けるはずである。そして次のやり取りでは、教室には笑いが起こる。

では「手」は、何をするところでしょうか。これは少し苦しいのですが、（半ば強引に書き加えながら）ことばを「書く」ところ、ということになります。

このようなプロセスを経て、黒板には「聞く」「話す」「読む」「書く」という四種の言語活動が板書されることになる。教師はさらに発問を積み重ねて、音声言語と文字言語、および表現と理解ということばの特質について話題を広げることができる。このように、板書は発問と効果的な連携を図りながら展開するべきものである。

## 学習者とともに創る板書

板書は授業の進行に即して進められる。すなわち、あらかじめ完成した詳細な板書のプランがあって、教師がそれを授業中に参照しながら書くようなものではない。もちろんプランの概要は視野に収めつつも、教室での学習者の反応に即して、彼らとともに創る必要がある。

発問に対する学習者からの応答は、ときとしてよく聞き取れなかったり、意味が曖昧だったりする場合もある。彼らが発信する情報を注意深く聞き取って、教師はそれを瞬時に再構成し、クラス全員に分かるようなことばに置き換えてから黒板に書く。黒板には授業中の学習者の反応が、時系列で整理される。彼らはその一つひとつを確認しつつ、整理しながらノートにまとめることになる。

わたくしは、「個人レベル」の学びと「グループレベル」もしくは「クラスレベル」の学びとの効果的な連携の中で達成される学びを、授業の成果としてとらえている。読みの学びでは、個人の読みがグループの読み、さらにクラスの読みを経てから、再度個人へとフィードバックされる。それはまさに「教室の文化」を活用した、学校でしか達成できない学びである。そして黒板こそが、「個人レベル」の学びを「クラスレベル」と結ぶ大切な場所なのである。分かりやすくまとめながら板書するとき、黒板に書かれた個人の見解はそのままクラスレベルの見解となっている。

板書はまた、学習者のノートと深く関連する。授業中に教師が黒板に書く情報を、学習者はノートに写す。パソコン画面のように瞬時に文字情報が表れることはなく、教師が書くスピードに合わせて、彼らはノートを取ることができる。効果的な板書は、そのままノート指導にもつながる。学習者とともに板書を創るという姿勢を貫く必要がある。ここで注意しなければならないのは、板書された通りノートに写すという単純作業に、国語の事業が陥らないようにすることである。そのためには、教師はあえてキーワードのみを板書して、学習者がそれを参考にしてノートに文章をまとめるような工夫がほしい。

冒頭でプレゼンテーションソフトと板書との比較を試みたが、学習者とともに創るという要素はパソコンの画面でも実現することができる。授業へのパソコンの導入をこれから積極的に検討しようという現場、さらに電子黒板を使用する現場もあるわけだが、この機会に改めて学校における黒板の意味を大いに見直したいところである。

## Ⅱ－4

# 総合性に配慮した単元の編成
## ——領域の総合を中心に

単元の編成を考える際には、「単元」という用語に「学習のまとまり」の意味があることに配慮する必要がある。すなわち単元学習においては、個々の学習がひとつのまとまりを持つことが大切になる。単元におけるいくつかの学びが相互に関連付けられ、全体として総合的な学びへと展開するところに、単元学習のダイナミズムがある。

特に高等学校では、国語科という教科が複数の科目に分化していることから、総合性に配慮した単元の編成には様々な工夫が必要になる。一九七八年版高等学校学習指導要領で、「国語Ｉ」という科目が必履修科目として新設されたが、現場では「現代文」と「古典」とに分けて扱うという方向が定着していたことから、この科目の総合性を生かすのは困難を極めた。決して無理をせずに、なるべく自然な形で総合を考えた方が適切である。

わたくしが考えているのは、例えば次のような方向になる。

**① 科目の総合**——「現代文」と「古典（古文・漢文）」とを関連させて扱うという方法である。特

に古典の扱いに際して、様々な工夫が可能になる。

②**領域の総合**——学習指導要領における「話すこと・聞くこと」「書くこと」「読むこと」の各領域を総合的・関連的に扱う方法である。

③**教材の総合**——異なるジャンルの教材を組み合わせて扱うという方法である。例えば、文学の教材と論説の教材、散文の教材と韻文の教材、教科書の教材と自主的な教材、言語の教材とマンガ・アニメーションなど他のメディアの教材などを適宜組み合わせて、効果的な学習を目指すことになる。

④**学習形態の総合**——個別学習、一斉学習、グループ学習などの学習形態を組み合わせて、総合的に扱うという方法である。

⑤**言語活動の総合**——学習指導要領に示された言語活動を総合的に扱うという方法である。

その他、国語科以外の教科との総合なども含めて様々な方法があり、多様な学習を展開することができる。以上を勘案しつつ、教師の工夫によって、効果的な単元編成が可能になる。

「読むこと」の学びを、特に「書くこと」との関連に配慮しながら展開したいと考えるとき、文学的な文章を教材に選定した際には、「読むこと」の比重が多くなる。最後に感想文を書くという課題を提出して、「書くこと」に結び付けるなどの工夫が求められる。先に掲げた「総合」に関する具体的な方法の中では、「領域の総合」が比較的多く実践されている。「読むこと」の学びは確かに配当時間数も多く、国語科教科書の教材も多くは「読むこと」のための文章になっている。特に文学的な文章を扱う場合には、他の領域との総合を考える前に、まず集中して「読むこと」の領域を扱うことが多い。「書くこと」との効果的な関連に配慮して総合的な単元を編成するためには、教師の工夫が必要になる。

すでに触れたように、わたくしの担当する授業では、学習者は「授業レポート」と称するワークシートに自身や仲間たちの考え方を書きながら、教材と関わっている。「読むこと」の教材を扱うときにも、授業中に「書くこと」のための時間を設けることを、常に実践の基盤に置くように心がけている。

次に、わたくし自身が実践した授業に基づいて、一つの具体例を紹介したい。それは中学校一年生の授業で、別役実の「空中ブランコ乗りのキキ」という教科書教材を扱ったときの実践である。一度本文を読み終えてから、今度は学習者が物語の書き手として新たな視点から物語を創作するという課題を出した。テレビゲームで用いられている「サウンドノベル」の方法を参考にして、学習課題を工夫したことになる。

物語の途中に、ストーリーが新たな方向に発展する分岐点という意味の「分岐」と称する場所を設けて、本来の展開を参考にしつつ、そこに複数の「選択肢」を作成して、異なるストーリーを創造する。それを友人と交換して、好きな選択肢に続く物語を創作することにした。グループ内で回覧定を教材の設定と変更しないことが、大切な条件となる。グループを編成してグループ内で回覧しながら、友人が作成した選択肢の中から好きなものを選んで、各自がそれに続くストーリーを想像し、オリジナル版の「空中ブランコ乗りのキキ」を創作する。完成した作品はクラス全体の発表会で交流し、最終的には文集の作成によって学習を総括した。

このような活動を通して、学習者は教材となった文章を何回も繰り返して読んで、その内容や設定を理解する。また、かなり細かい点にも目配りができるようになる。創作的な活動は、学習者の興味・関心を十分に喚起することが可能である。創作という「書くこと」の活動を通して、個人やグループ、そしてクラスの中で「読むこと」が深化されるとき、二つの領域の総合が実現されることになる。

これはあくまでも一つの実践例であるが、総合性に配慮した意欲的な単元編成をいろいろと工夫してみたい。

# Ⅱ－5

# 国語単元学習の魅力を探る
## ――高等学校における言語単元の構想を通して

豊かな言語生活を拓く国語単元学習の魅力にアプローチするためには、言語活動を通してことばの学び手を育てる単元学習をどのように構想し実践するのかを明らかにする必要がある。そこで本節では国語単元学習の具体的な構想について、高等学校での実践に即した提案を試みる。単元の構想自体が指導者にとって魅力的な営みであるという事実を、明らかにしたい。

### 単元の構想に際して配慮すべき点

単元学習の「単元」とは、断片的な学習ではなく学習の一つのまとまりのことを意味している。すなわち単元学習を構想する際には、まずどのような学習のまとまりを考えるのかを明らかにする必要がある。その点を確認したうえで、単元学習を構想する際に特に留意すべき点を、以下に三点示すことにしたい。

### ①学習に対する学習者の興味・関心を喚起すること

何よりも、学習者が興味・関心を抱いて意欲的に単元の学びに取り組むことができるような、学習者にとって魅力ある単元が構想されなければならない。興味・関心の喚起は学習意欲に直結する。単元の中で学習者が意欲を持って生き生きと活動できるという要素が、単元学習には求められる。

### ②学習者の主体的な学習活動が展開できるようにすること

知識の注入を中心とした指導者主導の授業のみでは、効果的な単元学習は実現できない。学習の中にいかに学習者の主体的な活動を組み込むのかが問われることになる。学び手が積極的に活動できる場面を、授業の中に多く設定することが大切である。

### ③単元学習を通して確かな国語の学力が育成されること

単元学習を構想する際には、必ずその単元を通してどのような学力の育成を図るのかという点が、学習目標として明確に意識されなければならない。すなわち単元学習においては、学び手が主体的に楽しく活動して、その結果として確かな学力が身につくことが求められる。

単元学習の基盤には、学習者尊重の精神がある。単元学習は学習者を中心として展開されるべきものである。そのために、単元学習を構想する際には常に学習者の「いま、ここ」を的確に把握するようにしたい。時代とともに学習者は変容する。指導者には変容する時代の状況に敏感でありつつ、常に学習者の現実を的確に視野に収めることができるような柔軟な姿勢が求められる。学習者が関心を持って意欲的に取り組むことができる活動を取り入れる必要がある。

## 豊かな言語生活を拓く国語単元学習の構想

ここで改めて豊かな言語活動を拓く国語単元学習の魅力に立ち返ってみたい。指導者にとって、単元学習を構想すること自体が楽しく充実した営みとなるのではないか。単元を構想するところから単元学習は始まっている。どのような授業を展開したら、すべての学び手が豊かな言語活動を実現できるだろうかと考えることの充実感、それこそが単元学習の魅力の一つにほかならない。そこで、長く担当してきた高等学校での実践に基づいて、以下に具体的な単元の構想を紹介することにしたい。二〇〇九年版の高等学校一年の必履修科目「国語総合」の実践例であるが、二〇一八年版の必履修科目「言語文化」でも扱うことが可能である。教科書に収録された言語に関わる教材から構想するもので、自主的な教材を中心とした単元となる。

### ① 単元名

単元名は「ことばと文化―日本語の特質を探る」とする。ことばを直接扱う言語単元として構想するが、いわゆる「言語事項」のみを取り立てて扱うというわけではなく、広く言語の問題をテーマとして表現や理解に関連させた総合的な単元へと展開するものである。

二〇一九年度現在使用されているある社の『国語総合』の教科書に、鈴木孝夫の「ものとことば」が収録されている。教科書では「評論」の単元に位置付けられたものだが、今回提案するのはこの教材を中心とした単元で、その出典名でもある「ことばと文化」を単元の名称とした。さらに、具体的な活動を明確にするために「日本語の特質を探る」という副題を付けた。

## ② 単元の目標

単元の主な目標は、学習者の「日本語」に対する興味・関心を喚起し、ことばに対する認識を深めることに置く。なお個々の活動に即した学習目標も、それぞれ明らかにすることになる。例えば教材の文章を読んで、筆者の論旨を的確に理解するという点は、具体的な学習目標である。学び手には、単元全体の目標と、個々の学習時における具体的な学習目標とをそれぞれ明示する必要がある。

## ③ 練習単元としての年間課題

この単元への導入を兼ねて、年間を通しての学習課題を提示した。それは「ワードハンティング」と命名する課題である。すなわち、身近な場所から新しく出会ったことばや意味を確認しておきたいことばを探して、学習者はカードにそのことばを書くようにする。カードにはそのことばを「見出し語」としたうえで、ことばの意味、用法・用例、および出典、採取した年月日を記録する。さらに「問題意識メモ」も記入する。以下にワードハンティング課題の実例を以下に示す。

## ④「ワードハンティング」の具体例

見出し語　奇天烈（きてれつ）
語意　非常に不思議なさま。珍妙なさま。
用例　豊かすぎる日本語／奇天烈にして秀逸
出典　野澤幸司『妄想国語辞典』（扶桑社、二〇一九）の本の帯に寄せられた、言語学者金田一秀穂氏のことば。
採取日　二〇一九年七月三日
問題意識メモ　「奇妙きてれつ」の形で用いられ、「奇妙」の意味を強調することが多い。『妄想国語辞典』の「はじめに」で、著者の野澤幸司氏は「この辞典に収録されている言葉たちは、おそらく生きていく上でなんの役にも立たないでしょう。」と述べている。
著名な言語学者の金田一秀穂氏が帯のメッセージを担当したことに着目したい。短いながら、見事にこの本の特徴を言い得て妙である。

このようにことばを採取してカードに整理するという活動を実施し、一週間に一語以上を取り上げる。この課題は国語科の学習課題として学習者が年間を通して取り組み、国語の授業時にその成果を随時確認することになる。この年間課題を、「ことばと文化」の学習と関連させて扱うとき、それは一種の「練習単元」として位置付けることができる。すなわち、単元「ことばと文化」の学びに入る前から、すでに単元学習は開始されている。

## ⑤ 単元の教材

単元の主な教材とするのは、先に述べたように「国語総合」の教科書に収録された鈴木孝夫の「ものとことば」という文章である。ただし、同じ著者の『ことばと文化』(岩波書店、一九七三)、および『ことばの人間学』(新潮社、一九七八)、『日本語と外国語』(岩波書店、一九九〇)からそれぞれ参考となる箇所を抽出して、教科書と関連した教材とする。

## ⑥ 学習の展開

単元における学習の展開は、大きく四つの段階に分けて構想することになる。すなわち、導入、展開Ⅰ、展開Ⅱ、総括の四段階である。以下に各段階における学習の概要を紹介する。

### (1) 導入

導入では、日本語の特色について考えることにする。この段階で、年間課題とした「ワードハンティング」の成果を用いることができる。「ワードハンティング」の課題において、どのようなことばを採取したのかを確認し、そのことばの特徴について考える。そこから広く現代の日本語の特徴を考えることにする。導入段階では、ことばに対する学習者の興味・関心の喚起が主な学習目標となる。

(2) **展開Ⅰ**

続く展開の段階は、前半（展開Ⅰ）と後半（展開Ⅱ）とに分けて構想する。まず前半（展開Ⅰ）では、教科書教材「ものとことば」の読解に主眼を置く。この段階は、指導者の適切な指導に基づく一斉学習という形態になる。導入段階で喚起した学習者のことばへの関心を、教材の理解を通してさらに確かなものにすることが重要である。

(3) **展開Ⅱ**

展開の後半（展開Ⅱ）は、グループ学習の形態で実施する。クラスを四名から五名規模のグループに分けて、それぞれのグループに学習の課題を提示する。具体的な学習課題は、教科書の「学習の手引き」を参照して、指導者がグループの数にあわせて設定する。「学習の手引き」には、次のような課題がある。すなわち、「本文の『水』と『湯』に対する『ウォーター』のように、日本語と他の言語（英語）とで、区分のしかたが違う例を探してみよう」という課題をそのまま、グループの学習課題として設定する。学習者はグループでよく協議をして、その課題に対するグループの考えをまとめることにする。まとめるに際しては、図書館の文献で調査したり、英語の授業担当者にインタビューを試みたり、それぞれのグループで工夫することになる。そしてグループ学習の成果は、発表という形式でクラス全員に還元することになる。発表に当たっては、グループごとに「発表資料」を用意して、クラスの構成員の部数を印刷して配布する。それを参照しながら、効果的な発表を心がける。

## ⑷ 総括

総括の段階では、各グループの代表者によるパネル・ディスカッションおよび専門家を招いての講演会という形式で実施する。ディスカッションのテーマは単元名の「ことばと文化―日本語の特質を探る」として、各グループの代表者がパネリストとなる。指導者も全体を通してディスカッションに参加して、話し合いをリードする。そして最後に、日本語研究の専門家を招いて講演会を企画する。

この単元の標準的な時間配当は、導入に一時間、展開Ⅰに二時間、展開Ⅱに三時間、そして総括に二時間の合計八時間となる。教科書の教材「ものとことば」のみを扱う学習と比較すると、配当時間は多くなる。しかしながら、より多様で総合的な学習活動を経ることによって、学習者の得るところは大きい。

## ⑦ 編成の際の留意点

以上のような単元を編成する際に、指導者は専門的な知見を一方向的に注入するだけでなく、個々の学習者と向き合ってことばの学びをしっかりと成立させるように努めなければならない。教材の研究にとどまらず、きめの細かい準備をする必要がある。

一人ひとりの学習者と向き合うための方策として、大村はまの実践にある「学習の手引き」や「国語教室通信」および「学習記録」その他の作成を挙げることができる。「学習の手引き」を通して、個々の学習者は授業の際に具体的にどのように学習を進めればよいのかを理解する。「国語教室通信」からは、学習に有効な様々な情報を得る。そして学習の成果を「学習記録」にまとめることを通して単元の学習事項を整理し、さらに自己評価にも生かすことができる。

単元編成に際してはまた、年間課題の「ワードハンティング」との関連、さらに年間の指導計画における確かな位置付けの確認について、十分に留意した扱いを心がける必要がある。そして、授業時間が調整可能に場合には、さらに関連する学習活動を追加して扱うことも可能である。

### ⑧ 評価

単元の目標に準拠した評価が目指されることになる。評価は学習の各段階において、診断的・形成的・総括的評価がそれぞれ適切に行われる必要がある。指導者は、学習記録にまとめられた内容の他に調査・研究に対する意識や発表内容および方法など、学習者のそれぞれの学習活動を的確に評価しなければならない。学習者の自己評価や相互評価も必要に応じて取り入れることになる。指導と同様に評価に対してもまた、指導者はきめ細かく配慮しなければならない。学び手の顔が見える評価をぜひ工夫したいところである。

## 単元学習の魅力

高等学校における単元学習の構想として、一つの具体例を紹介した。単元学習を展開する際には常に指導目標を明確にして、どのような国語の学力育成を図るのかを指導者と学習者とがともに把握できるように心がける必要がある。また、教科や学校の指導方針などに配慮して、それぞれの場面において効果的な学習を展開するようにしなければならない。

ことばの学び手が育つためには、豊かな言語活動が必要であり、その言語活動こそが豊かな言語生活を拓くことになる。そして豊かな言語生活を拓く単元学習を実践するためには、きめ細かな学びの構想が求められる。先述のように「学習の手引き」「学習記録」「国語教室通信」など、大村はまの実践に学ぶ意味はどの校種にも共通する。単元学習の実践には、指導者の意欲的な取り組みが不可欠になる。

学習者とともに指導者も成長する、それもまた単元学習の魅力と言えよう。単元について構想を広げること、そして構想に基づく実践を展開し評価することは、国語科教育に関わる立場にとって魅力溢れる営為であるに相違ない。

# Ⅱ－6　国語科における「宿題」を考える
## ――効果的な宿題を課するために

### 宿題とは何か

学校で日常的に使用されているにもかかわらず、「宿題」という用語にはあまり前向きなニュアンスがない。教師から強要されるもの、取り組むのに苦痛を伴うもの、忘れると罰を受けるもの、などというイメージが常に付きまとっている。宿題と聞くと、取り組むのに苦労したことや、忘れて教師に注意されたことなど、そして独特の煩わしさや負担感が思い出される。一方、肝心な学校の中で、教師たちの共通の話題になることは少なく、宿題に関する研究や実践も、管見によればあまり見当たらない。そこで本節では、国語科の宿題について、具体的な実践に即して考察を加えることにしたい。

『大辞林（第三版）』（三省堂、二〇〇六）によれば、「宿題」は次のように定義されている。

①学校における学習の補足・定着・準備などを目的として、児童・生徒に課す家庭学習・家庭作業。②未解決・未決定のまま持ち越された問題。

教育現場では「宿題」という用語は①の意味で用いられる。すなわち、学校内での学習との関連において学校外、特に家庭で学習するための課題が宿題という用語の意味するところである。『大辞林』の解説では、宿題の目的として「学校における学習の補足・定着・準備」が挙げられている。この目的は「予習」「復習」と重なるが、それらがある程度は学習者の自主的・主体的な活動であることに対して、宿題では教師の側であらかじめ具体的な学習内容や学習方法を指定して、強制的に取り組ませることが多い。先に言及した宿題という用語に対する独特の煩わしさや負担感は、取り組みが強要されることに起因すると思われる。

二〇〇八年版中学校、二〇〇九年版高等学校の学習指導要領にも、宿題に関わる内容がある。その「総則編」の「解説」によると、宿題の本来の意義は、学習意欲を向上させ、学習習慣の確立を図るところにあるとされている。

わたくしは宿題を出す側の教師には、以下のような点に対する配慮が必要と考えている。

① 学習者の学力育成に資する課題であること。すなわち、宿題に取り組むことによって、学習者の学力向上につながるような課題であること。
② 学習者が課題に対して興味、もしくは必要性を感ずるものであること。
③ 授業との関連に配慮した課題にすること。授業との直接関わりがないものであれば、本節で紹介するような、年間もしくは一定期間継続して取り組むような課題を工夫すること。

④ 学習者に対して、過剰な負担感を与えることがないように配慮すること。すなわち、学習者が無理なく取り組めるように、適切な水準および分量にすること。

⑤ 学習者が取り組んだ課題に対して、適切な評価を実施すること。単に課題を提出するだけで事後の扱いを怠ることは、避けるようにすること。

以上のような点を、宿題を課する前提として確認したうえで、国語科という教科の特性に即してさらに考察を加えたい。

## 年間を通しての宿題

特に国語科は、学習者の日常に直接関わる教科である。国語科の学習は、授業時間の中のみで完結することはない。日常生活において常に用いられることばを直接学習する教科ということで、日ごろからことばに対する学習者の関心と問題意識を高めておく必要がある。したがって、できれば毎日少しずつでも、ことばの学習と関わる時間を確保しておきたい。

その際に重要なことは二つある。その第一は、国語科の授業時のみではなく、学習者の日常の言語生活において常に意識的に取り組むことができるように配慮することである。そして第二は、国語科の授業の中で自然に学習を展開することができるように、すなわち学習の習慣を身に付けることができるように配慮することである。そこで授業の予習・復習に類するものではなく、一年間を通した宿題としての「年間課題」を提案したい。授業開きの際にその趣旨と方法をよく説明して、学習者の了解を得てから実施する。

わたくしが中学校と高等学校の現場で実際に年間課題として取り組ませたものの中から、三つの課題について紹介したい。

### ① コラム（社説）を読む

まず初めに、新聞を読むという活動を国語科の年間課題用の教材として位置付けたい。具体的な課題としては、家庭で購読している新聞のコラムもしくは社説の欄を取り上げることを提案する。一週間に一回から二回程度、新聞のコラムまたは社説の欄を切り抜いて、専用のノートに貼り付ける。コラムか社説のどちらにするかは、対象となる学習者の学年で判断する。

ノートに貼り付けたコラム・社説は、一読して読めない漢字や意味の不明な語句を抜き出して、国語辞典その他で読み方と意味とを調査して整理する。コラムには一般的には表題がつけられていないので、その内容から判断して有効な表題を付ける。その後で、コラム・社説の要旨を全体の一〇分の一程度の長さに要約する。このような課題に定期的に取り組むことによって、新聞の記事を読んでその内容を要約する習慣が身に付くことになる。

新聞のコラムもしくは社説を読んでその内容を要約して書くことによって、漢字・語句の学習はもちろん、書く活動を通して要点を確認しながら読むことの学習を展開することができる。その一方で学習者は、日ごろから身近な話題・題材に対する多くの情報を獲得する。コラムや社説に登場する様々な今日的な話題が、学習者の中に少しずつ蓄積されることも重要である。それは発想の前提となる情報として、彼らの内部に蓄積されることになる。

## ②読書ラリー

新聞とともに本から得る様々な話題も、貴重な情報源となる。いま国語教育の現場では、「朝の読書」および「ブックトーク」、「読書へのアニマシオン」、「ブッククラブ」など、様々な読書指導が試みられている。そこで国語科の年間課題の中に、読書に関するものを含めることも有効である。

「読書ラリー」と称する課題は、あらかじめ読ませたい本のリストを作成して、それぞれの本に点数を与えるところから始まる。リストから自由に本を選んで読み、「読書の記録」と題する用紙にその成果をまとめる。提出された「読書の記録」は教師が点検して、その内容に応じた点数を与える。その際の最高得点はリストに示した点数とする。「読書の記録」の内容によっては、大きく減点される場合もある。あらかじめノルマを決めて、そのノルマとした点数を超えるだけの本を読むように指導し、その点数は平常点として評価に取り入れる。ゲームの要素を多少なりとも取り入れた試みによって、読書生活を豊かにすると同時に、発想のストックを広げるという効果が期待できる。

### ③ ワードハンティング

続いて、国語科の主要な学習対象であることばに直接関わる年間課題の例を紹介したい。先の節でも紹介した「ワードハンティング」と称する課題だが、これは学習者が身近な場所から様々なことばを採取するというものである。新聞や本はもちろん、CM、テレビ番組、テレビドラマ、映画、ゲーム、歌の歌詞など、身近な場所から新しく出会ったことばや意味を確認しておきたいことばを選んで、B６サイズの情報カード一枚に一項目ずつ記入する。

見出し語として記入し、カードには続いてそのことばの意味、用例、出典、採取年月日などをしっかりと記入する。少しずつことばのストックが増えたところで、グループ学習の形態によって情報交換をして、相互に集めたことばについて確認をする。クラスメートが採取したことばによって、さらにことばのストックは拡大することになる。

ここでは年間課題の実例を三例紹介したが、中学校および高等学校のどの学年においても必要に応じて取り入れることができる。年間課題は、文字通り年間を通して継続的に取り組むものである。継続のためには教師の側の努力が不可欠となる。学習者が課題に取り組んだ成果は必ず授業時に持参させて、提出させるようにする。教師はノートやカードを点検してから返却する。点検にかかる時間と業務の量は決して少なくはないが、教師の取り組みが年間課題の成否を決めることになる。わたくし自身が実践したところによれば、最初は抵抗感を表明していた学習者も、次第に課題が日常に組み込まれ、最終的にはこの年間課題を比較時好意的に受け止めてくれた。

## ドリル形式の宿題

続いて、漢字・語句、および文法や文学史などに関する宿題についても、その実際を紹介することにしたい。これらは、総じて知識習得のための課題となる。具体的には、毎週範囲を決めて宿題として学習した事項に関して、授業時間に試験を実施して、その学習の成果を評価するというものである。続けて、具体的な課題を紹介する。

### ①　常用漢字

まず、多くの教育現場で実践されている常用漢字の課題を紹介したい。担当者が検討して採択した市販の常用漢字の問題集に、ある一定期間の学習の予定を割り当てて、その予定に即して漢字の読み書きを自主的に学習する。例えば第一週は何ページから何ページまで、のように割り当てることにする。学習の成果は、定期的に国語の授業時に実施する試験によって確認することができる。

これは、常用漢字の読み書き能力の向上のための課題である。ある一定の水準までの到達を目標として、学習者は、毎週決まった分量の学習を自主的に実施することになる。以下の課題も、基本的にはこれと同様の形態である。

## ② 重要語句・語彙

これも常用漢字の課題と同様に、教師があらかじめ学習に適した参考書もしくは問題集を選定する。もちろん、教師自らが作成するオリジナルなものであればなお好ましい。毎週の学習範囲を割り当てて示す。その学習の成果は、毎週定期的に実施する試験によって確認する。

「重要語句・語彙」には、故事成語から現代用語に至るまで、多くのことばが含まれる。それが効果的に学習できる適切な参考書を選ぶことが重要である。特に語句・語彙の場合、選択肢を設けるなど、試験の出題にも様々な配慮が必要となる。毎週の出題や採点は、教師にとって大きな負荷となることから、採点は学習者相互に交換して実施するなどの工夫も適宜取り入れたい。

## ③ その他の課題

その他、例えば「文学史」や「古語」、もしくは「文法」や「百人一首」など、様々なテーマを設定して、ある一定期間の課題として学習者に取り組ませることができる。このような学習は、授業時にまとめて取り上げるよりも、毎日少しずつ自主的な学習として積み重ねることによって効果が発揮されるものである。授業外の「宿題」として取り扱うことによって、授業時に実施する試験と組み合わせて扱うようにしたい。

## 日常の授業時の宿題

これまでに年間課題、および演習形式の課題を中心に、授業時以外の宿題について、具体的に紹介した。授業に関連する宿題よりも、むしろすでに紹介したような宿題をより重点的に考えたいと思う。

わたくしは、原則として毎時間、「研究の手引き」と称するレジュメ、「授業レポート」と称するワークシート、そして「研究資料」と称する教材を作成し、印刷をしてすべての学習者に配布する。「研究の手引き」に即して「研究資料」を参照しつつ授業を展開し、学習者に授業中に「授業レポート」をまとめさせて終了時に提出させる。「授業レポート」は回収して点検してから、その次の授業時に返却する。

このような形態の授業においては、授業時間内にすべての学習を展開することが多く、宿題を提出する必要性は少ない。「研究の手引き」には「次回の予定」を明らかにすることから、意欲の旺盛な学習者は自主的に予習をして授業に臨むことになる。また「授業レポート」の返却時に、その内容を確認して復習する。それ以上に宿題として要求することはせずに、むしろ前に言及した年間課題やドリル形式の課題を宿題として、年間の指導計画の中に含めるようにしている。

夏休みなどの長期休暇の際には、読書や聞き書きを含む作文の宿題を課することもある。例えば夏休み中に長編小説を読んで、二学期の授業ではその小説を教材としたり、身近な人から聞き書きをしたら、それを秋の文化祭の展示として紹介したりして、その後の学習に生かすように工夫したい。

## 指導者にとっての宿題

本節では国語科の宿題について、特に学習課題という観点から、具体的に紹介した。民間の教育機関や受験産業では、宿題に関する様々な調査を実施し、その結果をインターネットで公表している。そのような調査結果にも随時目を向けて、宿題について改めて考える機会を持つようにしたい。

冒頭に引用した『大辞林』の定義の中では、「宿題」の第二の意味にも触れられていた。それは「未解決・未決定のまま持ち越された問題」という意味であった。個々の授業において、指導者はこの意味における「宿題」を確認しなければならないだろう。すなわち、授業において達成されなかった課題を明らかにしたうえで、次の授業に向けてまた新たな取り組みをしなければならない。学習者に宿題を課すだけではなく、自らに課せられた宿題を確認し、それと真摯に向き合うことが指導者には求められている。

# Ⅱ－7

# 新聞を用いた授業創り
## ――メディア・リテラシーを絡めて

　高度情報化の波が様々な分野に押し寄せて、世はまさに「デジタル」の時代になっている。インターネットの普及によって、必要な情報を直ちに入手することができるようになった。国語科の授業で使用する辞書も、電子辞書が増えてきた。学校教育の現場にも、高度情報化の波が押し寄せている。

　それでも例えばノートに手で書くときの、そして紙媒体の辞書や書物のページを捲るときの身体の感触を、妙に心地よいと実感することがある。紙の辞書を用いると、あることばを調べているうちに、それ以外の様々なことばと出会うこともできる。「デジタル」媒体が優位の社会の中で、「アナログ」媒体もまたそれなりの居場所を確保できるような気もする。そこで今回は、インターネット全盛の時代の中で、改めてその意義が問われる新聞に注目してみたいと思う。

　二〇〇八年版小学校学習指導要領「国語」では、新聞が取り上げられている。例えば「第5学年及び第6学年」の「読むこと」の言語活動例として、次のような内容が示された。

編集の仕方や記事の書き方に注意して新聞を読むこと。

この言語活動例について、学習指導要領解説では、以下のように記されている。

（前略）記事は、逆三角形の構成と呼ばれることもあるように、結論を見出しで先に示し、リードから本文へと次第に詳しく記述されている。また、事件や出来事の報道記事だけでなく、社説・コラム・解説などの記事もある。このような特徴を理解し、編集の仕方や記事の書き方に注意して読むことが大切である。

学習指導要領の本文や解説を参照すると、新聞を読むという活動が本格的に展開されることが予測される。

二〇〇八年版中学校学習指導要領にも新聞は登場するが、二〇一〇年に実施された「全国学力・学習状況調査」の中学校「国語B」の問題に、新聞が出題されたことにも注目したい。その中には、トップ記事とコラムとの内容の相違など、まさに先に引用した学習指導要領の言語活動例に準拠した問題が含まれていた。

ところで、新聞を活用した国語科の授業に関しては、多くの実践例がある。それらを参考にしつつ、新しい授業創りに向けて、特にメディア・リテラシーとの関連で扱うことに配慮したうえで、以下に一つの実践例を紹介したい。これは、小学校高学年から高等学校に至る、広い校種で取り入れることができるような実践例である。

新聞の重要な役割として、事実を報道するということがある。すなわち、多くの情報が溢れる時代だからこそ、それらをよく吟味して、正確な情報を伝えるメディアとして、新聞は機能している。情報を伝える速さという側面からはネットに及ばないが、その分事実を的確に伝えようとする努力がなされている。現場での取材を通して明らかになったことを、しっかりと読者に伝えることに、新聞の重要な意味がある。

ただし、同じ事実を伝えているにもかかわらず、新聞各社の記事の取り扱いは決して均一なものではない。それぞれ取り上げ方が異なっている。その点に着目して、複数の新聞記事の比較という活動を取り入れたいと思う。

扱う新聞記事の内容としては、やはり新しい話題の方が学習者にとって身近に感じられる。教科書のみに依拠することなく、教師自身が国語科の学びにふさわしい教材を発掘しなければならない。ところが、これがなかなか難しい。学習者にとって身近で、多くの子どもたちに共通の関心があり、それでいてある程度社会性のある話題を選ぶ必要がある。さらに、教育的な配慮もなされるような記事を選ぶのは、決して容易なことではない。

取り上げる話題が決まったら、その話題を扱った新聞記事を集めることにする。必ず複数の新聞を購入するなど、授業の準備もしっかりと進めなければならない。三紙か四紙の記事を選んだら、見出しを抜いてプリントにまとめる。さらに、その記事と同じ紙面にあるその他の記事に関しても、授業で使用できるようにまとめておく。

授業は、まず教材として選んだ新聞記事を熟読するところから出発する。読めない漢字や意味が分からない語句があったときには、それらをノートに抜き出しておくように指示を出す。そして、それぞれの記事に見出しを付けるという課題を課する。どの見出しが最もふさわしいかを、グループ単位で吟味するのも興味深い活動になる。

見出しをつけてから、今度はそれぞれの新聞の記事の取り上げ方を比較して、どの記事が最も分かりやすかったか、またどの記事に特に関心を持ったのか、話し合うようにする。

そして最後に、ある新聞のその記事を含む記事を三つ紹介して、どの記事から順に載せるべきかを話し合う。このような授業を通して、新聞を用いつつ、メディア・リテラシーに関連する内容を展開することができる。

## Ⅱ－8

# 年間指導計画に「個の回復スペース」を

簡潔に述べるなら、単元とは学びの一つのまとまりのことである。個々の単元ごとに、様々な学びのまとまりが設けられ、単元学習が展開されている。単元ごとのまとまりだけではなく、年間を通しての学びのまとまりをどのように考えるかという年間指導計画の策定は、効果的な学びを実現するためにきわめて重要な課題となる。

単元学習の実践に際して、指導者はまず個々の単元の充実を目指す。一つの単元の学びが一段落すると、関心は次の単元へと移行する。それぞれの単元のつながりに関しては、ともするとあまり意識することなく、一つひとつの単元の充実のみに関心を向けがちになる。視野をもっとロングに引いて、年間を通しての学びの在り方を常に視野に収めつつ、単元学習の充実を目指したい。

個々の単元に関する研究は、これまでに活発に展開されてきた。それと比較すると、年間指導計画を視野に収めた研究は決して多くはない。年間を通しての指導計画を検討することは、規模の大きな単元を構想することでもある。すなわち個々の単元の特質を、そのまま年間指導計画に当てはめて考えることができるはずである。例えば単元の特徴として、総合性・関連性の重視という点が考えられる。年間を通して、学びが総合的かつ関連的に深められるように配慮しなければならない。個々の単元の充実を図るとともに、単元相互の関連を意識した指導計画が必要になる。

国語科教科書は、年間指導計画に即して編纂されている。教師用指導書を参考にしつつ扱うことによって、学習指導要領に準拠した指導計画を策定することができる。しかしながら、個々の教育現場の実態や学習者の現実に即して、教科書をいわば再編集をして扱う努力を惜しみたくはない。

年間を通しての帯単元なども工夫できるはずである。わたくしは、語句・語彙指導の一環として、「ワードハンティング」と称する実践を推進してきたことはすでに触れた。これは、学習者自身が身近な場所から様々なことばを採取して、カードに記入するという活動である。年間を通しての学習課題として設定し、その活動に基づく帯単元を工夫することができる。ことばと出会い、ことばを発見し、授業の中で学習者間での共有も実現できれば、きわめて効果的な年間の帯単元につながってくる。

単元学習の重要な理念は、学習者を尊重するという点にある。「国語単元学習の思想」（『ことばの学び手を育てる国語単元学習の新展開Ⅰ・理論編』東洋館出版社、一九九二）において、倉澤栄吉は「単元学習は、学習者尊重の精神に立つ。教育という営みを学習者を中心として考えようとする。」（一五頁）と述べた。年間指導計画を吟味する際にも、常に「学習者尊重の精神」を基盤としたい。

ところで、村上春樹のエッセイ集『職業としての小説家』（スイッチ・パブリッシング、二〇一五）に収録された書き下ろしのエッセイの中に「学校について」という章が含まれていることに興味を抱いた。その章で村上は、現代社会は「逃げ場」が不足しているとして、次のように述べている。以下、引用はすべて前掲書からである。

「逃げ場の不足した」社会がもたらす教育現場の深刻な問題に対して、我々はなんとか新たな解決方法を見つけていく必要があります。（中略）その新たな解決方法を見つけることのできそうな場所を、まずどこかにこしらえていく必要があります。（二〇七頁）

そのような場所を、村上は「個の回復スペース」としてとらえている。それは具体的には、村上自身の体験に即して、例えば親しい友人を創ることができるような、そしてたくさんの本を読むことができるようなスペースのことであった。

国語単元学習と年間指導計画について考えているときにエッセイ集を手に取ったこともあって、わたくしは村上の言う「個の回復スペース」を、年間指導計画の中に何とか確保できないものかと思った。ただし村上は、「そういう場所がいろんなところに、自然発生的に生まれていけばいい」（二〇八頁）と述べ、「最悪のケースは、文科省みたいなところが上からひとつの制度として、そういうものを現場に押しつけることです」（二〇八頁）とも指摘しているように、指導者からの押しつけがあってはならない。そこで、村上の次の言説に着目したい。

ひとつひとつの個性に生き残れる場所を与えてもらいたい。そうすれば学校はもっと充実した自由な場所になっていくはずです。（二一三頁）

これは、先に引用した倉澤栄吉の「学習者尊重の精神」とつながるような気もする。年間指導計画を検討する際に、「個の回復スペース」について考えてみたい。

# Ⅲ

# 楽しい授業創りの実現に向けて

## ―領域ごとの効果的な学び―

# Ⅲ−1

## 「話すこと・聞くこと」指導の工夫
### ──声のコミュニケーションを求めて

「話すこと・聞くこと」の領域は、「書くこと」および「読むこと」と比較すると、体系的な学習指導が難しいという実態がある。教師が十分な指導の体系を獲得していないことが、その原因の一つと思われる。例えば技術的な側面も含めて、効果的な朗読の指導を展開するのはなかなか困難なことである。教師自身も、朗読について専門的な指導を受けたことがないことが一因と思われる。

入学試験科目としての国語では、文章の読解と作文に重点が置かれている。音声言語に関する問題も一部で出題されるものの、まだ主流になってはいないという実態も、この領域の位置を危ういものにしている。

特に中学校から高等学校へと学年が進むと授業が活性化せず、学習の成果が定着しにくい。その原因の一つとして、現代の日常生活の中から「話すこと・聞くこと」に関わる場面が減少しているという事実を挙げることができる。例えば自動販売機やコンビニ、さらにインターネットでのショッピングが普及したことなどが、店員との間で直接ことばを交わすという場面を奪ってしまった。さらに、中学生や高校生の間では、スマートフォンは通話よりもメールやラインなどのSNSの機能がよく用いられている。顔を突き合わせて声をかけ合うこと、すなわち「話すこと・聞くこと」に関わる原初的なコミュニケーションの在り方そのものが衰退しつつあるという社会的背景が、子どもたちに及ぼす影響は深刻である。

その傾向は、コンピュータの普及によってさらに加速している。子どもたちは「話すこと・聞くこと」に関わる時間よりも、黙ってディスプレイと向き合う時間の方が長くなってきた。これは決して学習者だけの問題ではない。成績処理などの学校業務がシステム化されたことに伴い、教師が子どもたちと対話をする時間も確実に少なくなっている。教員室は、パソコンの作業室のような雰囲気になったような気もする。

いま一つ特に注意したい背景として、テレビ番組におけるテロップ（スーパー）の普及がある。ニュースをはじめ、多くの番組におびただしい数のテロップが登場する。映像に出てくる人物の談話はことごとくテロップによって文字化されることから、視聴者は人物の話を注意深く聞くことを止めて、ただテロップの文字情報に目を通すだけになってしまった。話を聞くよりもテロップを見る方が、効率よく容易に情報を得ることができる。異常なまでのテロップの普及は、「聞くこと」に関わる能力を著しく減退させることになりかねない。

いま流行しているブログやツイッター、フェイスブック、インスタグラムなどのSNSは声のコミュニケーションとは言えない。特に「ツイッター」すなわち「つぶやき」に声が伴わないのも、考えてみれば妙なことであろう。このような「話すこと・聞くこと」に関わる場面の減少が、指導の活性化や学習成果の定着を妨げていると思われる。現代の社会的背景を的確に分析したうえで、声のコミュニケーションの問題に目を向けながら「話すこと・聞くこと」の指導の充実を求めることは、これからの国語教育の重要な課題となるはずである。

国語科の授業で「話すこと・聞くこと」の領域を扱うときに、特に配慮したいのは次の二つの点である。

まず、授業の中に学習者の日常生活につながるような場面を設定することが求められる。そして、学習者が興味を持って取り組むことができるような活動を取り入れることも必要となる。特に声のコミュニケーションが実現することが重要である。

ここで、小・中学生を対象とした実践例を紹介したい。これは対話とインタビューの要素を組み込んだ授業である。ワークショップの形態、そしてゲームの要素を取り入れてみた。以下に実際の指導過程の概要を紹介する。

① クラス全体を二人ずつのペアに分ける。

② 二人のうち一人が質問者に、もう一人が回答者になる。一回実施したら二人の立場を入れ替えることを、あらかじめ確認しておく。

③ 回答者は、ある有名な人物を一人選んで、その人の名前をノートに書く。必ず相手もその

人物のことを知っていることが条件となる。

④ 時間を二分間として、質問者は様々な質問を投げかけ、回答者は誠意を持ってそれに答える。双方が協力して、効果的な対話が成立するように努力する。

⑤ 時間になったら、質問者は回答者が連想した人物名を明らかにする。今度は立場を入れ替えて、同様に実施する。質問者が答えてから、回答者はノートを相手に見せるようにする。

⑥ 終了後に、どのような質問が回答を導き出すのに効果的であったかを考え、それについて話し合う。

ペアごとの活動を始める前に、教師が学習者の代表との間でモデル対話を実施すると、円滑に活動が始められる。以上のようなワークショップを通して、一つの「話すこと・聞くこと」の学びが成立する。声のコミュニケーションに関わる活動を、ゲームの要素を含めた授業によって展開することができる。

いまひとつ、演劇を国語科の授業に積極的に取り入れることも、ぜひいろいろと工夫してみたい。教科書からほとんど姿を消してしまった戯曲教材だが、今後教材開発と授業開発を推進する価値が大いにあると考えている。

## Ⅲ－2

# 話し合いで合意形成を図るために必要なこと

二〇一一年当時、東日本大震災の被害が甚大で、復旧・復興に向けた動きが遅々として進まないことに、被災地関係者はもちろん、多くの国民が不安を募らせていた。このような非常事態を前にして、国の中枢であるはずの国会が効果的に機能していないのではないかという危惧は、二〇二〇年現在に至ってもますます深刻になっているかのようである。テレビを通して国会の様々な場面が中継されるが、それを見ていつも思うのは話し合いの難しさである。大地震や原発事故、集中豪雨や巨大台風の影響によって大きな被害があったにもかかわらず、どうして緊急の対応がうまく進まないのか、もどかしく思った人は決して少なくないのではないか。合意形成ができないこと、それが重大な理由の一つと思われる。

様々な場面で話し合いが行われるものの、合意形成に至るまでのプロセスは平坦なものではない。国会中継を例に挙げるまでもなく、相手の意見にじっくりと耳を傾けて、その内容を尊重しつつ合意形成を図るのはきわめて困難である。自分の意見を主張することのみにとらわれて、相手の意見に耳を傾ける余裕がないと、話し合いで合意形成を実現することはできない。

国語科の授業において、話し合いが取り上げられる場面は増えている。ディベートのような形態の話し合いも、積極的に実践されるようになった。論理的な思考力の育成が重視され、学習者には自分の意見をしっかりと主張することが求められる。日本型の忖度の精神では相手に後れを取ってしまうという懸念からか、欧米型の強い自己主張の精神が尊重されもした。相手の意見をよく聞いて理解する努力をせずに、自分の主張をひたすら繰り返すような話し合いが多いのではあるまいか。その延長線上には、緊急事態を前にして何の合意形成もできないような国会が見え隠れする。これから授業で話し合い活動を取り上げる際には、合意形成を図るという側面を特に重視する必要がある。

合意形成を図る話し合い活動を実現するためには、いくつかの点に配慮しなければならない。その第一は、相手の話をよく聞くということである。学習指導要領の領域では「話すこと・聞くこと」のようにまとめられてはいるが、まず「聞くこと」の活動を重視したい。それは相手の話に耳を傾けるという受動的な活動だけにとどまらない。相手の話を引き出すという能動的な「聞くこと」を心がける必要がある。そして、相手の考え方をしっかりと理解できればよい。忖度の精神は批判の対象となりやすいが、合意形成のためにはむしろ尊重されるべきであろう。

話し合いで合意形成を図るためには、参加者全員の協力が不可欠である。大震災の被害からの復旧・復興の道筋を話し合う際には、参加者全員の意識が何とか合意形成を目指したいという方向に向いていなければならない。被災地にとってはまさに一刻の猶予もなく、速やかに具体的な対応がなされるべき局面にあった。にもかかわらず効果的な対策が講じられなかったのは、関係者の思惑が多様な方向を向いていて、まとめようとする努力が不足していたからではあるまいか。

教室では学習者の意識を高めて、まず全員で協力してしっかりと合意形成を目指すという意志を持つようにしたい。そして、話し合いをリードする司会者の役割も重要である。まず教師自身が司会者としての力量を十分に発揮して、話し合いを円滑に進めるための手本を示さなければならない。そして、司会の進行方法を丁寧に解説した「手引き」を作成したり、さらに司会者を集めて特別にレクチャーをしたりなどして、学習者が司会者としての役割を担うことができるように配慮する。話し合いは司会者の巧みな進行によって、合意形成へと至らしめることができる。

合意形成を図る話し合いの例として、クラスで日帰りのレクリエーションを計画する場面で、行く先としてどこがふさわしいか、という課題を考えてみたい。この場合単に意見を交換するよりも、黒板を活用して候補地を記入し、それぞれの長所と短所を整理するなどの工夫が効果的な合意形成へとつなげることができる。話し合いの経緯を記録したり、場合によっては図解したりして、問題点を整理するのは効果的である。話し合いに参加したメンバー全員が論点を確認できるので、合意形成が達成されやすい。

学習者は社会に出てから、様々な会議に関わることになる。話し合いの効果的な進め方について、学習する場所は多くはない。特に合意形成を図る話し合い活動は、多くの人が習熟していない分野でもある。学校教育、特に国語科教育において効果的な学習指導が望まれる。近年「ファシリテーション（Facilitation）」が話題になり、様々な研究成果が公表されている。国語教育研究も広くファシリテーションや教育工学その他の知見に学んで、話し合いの効果的な指導法を積み重ねる必要がある。

# Ⅲ－3

# 対話で育む言語感覚
## ――ワークショップを活用して

### 現代社会における対話の必要性

現代社会における新たなコミュニケーション形態の普及は、子どもたちのことばの生活に多大な影響をもたらしている。特にメールやフェイスブック、ツイッター、ラインなどのＳＮＳを通した間接的なコミュニケーションが急速に広まりつつあるという現状には、注意が必要である。ラインに熱中してスマートフォンの操作をする子どもの姿は、直接顔を合わせての声によるコミュニケーションの困難を象徴的に物語る。

対話の重要な特性の一つに、直接顔を突き合わせての身体的な交流という要素がある。衰退した声を学習者の身体に取り戻し、声によるコミュニケーションを活性化させることが、授業に対話を取り入れることの意義と言えよう。これらの活動を組み込むことによって、授業を活性化させることができる。学習者の声が溢れる授業は、生き生きとした活気に満ちたものとなるはずである。

ことばを声に出して届けることは、対話の授業の基本的な課題となる。心のこもったことばを声に乗せて、しっかりと相手に届けることに十分配慮したい。心がこもったことばは、相手の中に強く響くはずである。

沈黙や饒舌に支配された教室で、効果的な国語科の授業を展開することは難しい。教師は様々な機会をとらえて、一人ひとりの学習者との対話、そして学習者相互の対話を実現するべく努力する必要がある。対話の成立は、授業の活性化に直結する。

対話は、相手の顔を見ながら直接声を届けるという原初的なコミュニケーションが基盤となる。ディスプレイを通した間接的なつながりに慣れた世代は、対話に潜在的な苦手意識を持つ。だからこそ、対話を授業に取り入れることの意味は大きい。

国語教育では、学習者の生き生きとしたことばが溢れるような授業創りが求められる。心を込めたことばを声に乗せて相手に届けるというコミュニケーションの基本を意識しつつ、対話の学びを通して声を復権させ、授業の活性化を図ることが大切である。対話の意義や方法についての理解だけではなく、学習者が実際に対話するという活動を通して学ぶことができるように配慮しなければならない。

## 対話劇を活用したワークショップ

平田オリザは、演劇を通して対話を学ぶワークショップを展開している。かつて平田は『月刊国語教育』（東京法令出版、二〇〇一・六）に収録された「対話劇を教科書に」において、対話劇について言及した。それは二〇〇二年度から使用されたある社の中学校国語科の教科書に、平田自らが対話の特徴について解説した文章と、対話劇のワークショップが収録されたことに関わる話題であった。その教科書は、前段の解説文の内容を踏まえて、後段は「対話劇を体験しよう」という構成になっていた。学習者は教科書に収録された平田作のスキットを、グループごとに演じる。次にスキットの一部のせりふを学習者が創作して、発表する。この活動を実践した平田は、学習者の授業への参加率がいかに高いかを指摘した。

平田の対話劇に学んで、授業の中に「対話のワークショップ」を取り入れることを工夫してみたい。授業はまず、教材としてのスキットを作成するところから出発する。まず指導者が脚本を作成し、それを参考にして学習者自身に作成させる。スキットの話題には、身近な場面における多様な話題を取り入れるようにする。具体例として、あるスキットの一部を紹介したい。

Ａ「Ｂってその曲好きだったっけ。」
Ｂ「最近よく聴くようになってね。友だちの女の子がいいって言うから。」
Ａ「それって誰のこと。」
Ｂ「Ａは知らない。〇〇系の子。」

このようなＡとＢの対話を二人で分担して二回続けて読ませてから、この対話の中に、違和感のあることばや気になるような表現がないかどうか話し合う。その後で、対話の効果についても話し合いをする。

Ｂの「友だちの女の子」ということばは、「友だち」の彼女のことを指すのか、あるいはＢ自身の彼女のことを指すのか明確ではない。また「〇〇系」という言い方は、意味が曖昧である、などの意見が予想される。続く対話の効果についての話し合いの後で修正を加え、再度対話を試みる。その過程で、言語感覚に関する様々な指導を展開することもできる。

鴻上尚史の『コミュニケイションのレッスン』（大和書房、二〇一三）では、「コミュニケイションは技術だ」として、「聞く」「話す」「交渉する」技術について取り上げられている。これを参考に、対話のワークショップのテーマに「交渉」を含めることにする。最初は脚本を作成して、続いて脚本を設けずに自由な対話を実施する。授業では、グループ学習を導入することになる。

## 対話による言語感覚の育成に向けて

対話の授業で留意したいのは、先に触れた言語感覚の育成という点である。「言語感覚」は国語科の二〇一七年版小・中学校、二〇一八年版高等学校のすべての学習指導要領の「目標」に登場する。対話の学びを通して、言語感覚を養い（小）、豊かにし（中）、そして磨く（高）ことも目指されなければならない。対話のワークショップで身近な日常生活に直接関わる言語活動を授業中に展開することによって、学習者のことばに関する興味・関心を喚起することができる。平田オリザや鴻上尚史のような演劇の専門家の指摘を参考にしながら、効果的なワークショップを構想して、国語科の授業に取り入れるようにしたい。

# Ⅲ－4
# 改めて「聞き書き」の意義を考える

## 高度情報化の中で

いままさに世の中は高度情報化が加速度的に進展して、わたくしたちは日々おびただしい量の情報と向き合わなければならなくなった。特にインターネット上に発信される情報は想像を絶する分量で、実際に必要な、価値ある情報をいかに選択し活用するのかという問題は、学校教育の現場でも適切に扱う必要性がますます高まっている。

ある教科書教材について調べたことをレポートにまとめるという学習課題を課したとき、学習者はまずインターネットのキーワード検索によって、その課題に関わる様々な情報に接すると思われる。検索の結果多くのサイトが出現することから、それらにアクセスすることによって即座に多様な情報が入手できる。図書館をまったく利用することもなく、自室のパソコンを短時間操作するだけで多くの情報が得られることから、いとも簡単にレポートが完成してしまう。

ここで注意しなければならないのは、膨大な量の情報の中からいかに必要な情報を選択し、レポートの学習課題に活用するかという問題である。個人のブログ、フェイスブック、ツイッターなどの情報も溢れる状況下において、どれが正しい情報かを識別することはきわめて難しい。特に「孫引き」の問題は深刻である。調べているテーマについて言及したサイトがあったので、その中に引用された文章を参照してみると、それが実際にはまったく異なった出典からの引用だったということがある。さらに、本来の出典からの引用であったとしても、よく確認してみると、その引用が正確でなかったという事例もある。他者が引用した箇所を、そのまま出典にあるものと信頼して引用すると、たいへんな過ちを犯すことになりかねない。本文を引用する場合、他者の引用からの孫引きは避けて、必ず自身の手で出典となったもとの資料をよく確認するようにしたい。

現代社会の中では、とかく情報の「速さ」が重視されがちである。ともすると、「速さ」が「正しさ」よりも優先される場合もある。情報の選択に際しては、いかに正しい情報を手に入れるのかがきわめて重要である。そのためには、発信される媒体を比較検討するなど、情報の検証と吟味が必要になる。ある新聞記事から得た情報を、別の新聞と比較してみると、より真実に迫ることができる。それは「メディア・リテラシー」につながる問題でもあるが、情報の選択・活用を考えるに当たって意識すべき観点となる。

## 情報の選択・活用と聞き書き

情報を選択・活用する力を育てるための国語科の活動として、「聞き書き」を見直すことを提案したい。聞き書きとは、あるテーマに関しての体験があって、特別の知見を有する人物に直接会って話を聞き、聞いた話を話し手のことばを生かしつつ文章にまとめるという活動である。わたくしはかつて、村上春樹による聞き書き集とも言える『アンダーグラウンド』（講談社、一九九七）を教材化した授業を試みたことがある。

ネット社会の到来によって、人から話を聞くという機会は減少傾向にある。だからこそ、人と直接顔を突き合わせて話すという場所を国語科授業の内外に設定するのは、それだけでも価値ある営みになる。例えば「身近な人の青春体験を聞く」というテーマを掲げて、家族や恩師などの人生の先輩から学習者と同世代だったころの話を聞くという場面を考えてみたい。まずはその当時のことを聞き出すために、社会状況や生活環境についての情報が必要になる。聞き書きにおける聞くという行為は決して受動的なものではない。いかに相手の話を引き出すのかという、きわめて能動的な活動である。そこで話を聞く際には、あらかじめテーマに関する基本的な情報が必要になる。

身近な人物に会って、学習者と同じ世代のころの体験について話を聞いた後で、それをまとめて文章化するときに、どの情報が特に重要かを判断しなければならなくなる。すなわち選択した情報を活用して、聞いたことを文章にまとめるという段階になる。完成した聞き書きは文集にまとめて、広く共有しておきたい。このような聞き書きの活動の展開をたどるとき、そこには情報の選択・活用に関わる重要な要素が立ち現われる。情報を扱う国語科の言語活動というと、新聞づくりのようなものが想起されるが、ここでは聞き書きを取り挙げて扱うことを考えてみた。

## 聞き書きの再評価を

わたくしたちの周囲には膨大な情報が溢れている。その多くはインターネットによる情報である。それは、スマートフォンの普及によってさらに拡大しつつある。ほしい情報が直ちに入手できるという便利な環境は、その一方でかなり危うい状況をもたらしているような気がしてならない。そのような中で、情報を選択・活用する力を育てるために、聞き書きのような活動の意義がもっと見直されてよいのではあるまいか。

# Ⅲ－5

# 表現意欲喚起のために
## ――書くことへ向かう意志を育てる

### 作文指導の問題点

学校教育の中で、「書くこと」の学習指導すなわち文章表現（作文）指導は、常に確かな位置を占めてきた。小学校から大学に至るまでのすべての校種で、作文指導が繰り返し実践され、効果的な指導が模索されている。ただし学校で十分に指導されているにもかかわらず、学習者が思うように文章を書けるようになったとは言い難い状況がある。その原因を考えると、次のような問題点が浮上する。

①学校で書く作文に興味が持てず、書くことに意欲的になれない。
②日常生活の中で公的な文章を書く機会が少ない。
③効果的な指導法が開発されず、文章表現技術を習得することができない。
④カリキュラムの面で、体系的な文章表現指導が確立しにくい。

第一点として、学校で作文の課題とされるものが、学習者が自主的に意欲を持って取り組めるものにはなりにくいという問題がある。特に行事作文と称される作文や読書感想文などにおいては、彼らが主体的に取り組める課題は少ない。本節では特にこの問題に着目して、重点的に検討を加えることにする。続く第二点は、日常生活の中で子どもたちは友人との間で携帯メールのやり取りをするような私的な活動が多く、公的な文章を書く機会が少ないという問題である。学校で学習した文章の書き方を身近な場所で実際に生かすことが困難なため、表現力が定着しにくくなっている。そして第三点は、文章の書き方に関する文章表現技術が効果的に指導されていないことから、学習者が具体的な文章を書く技術を習得できず、表現力も伸びないという問題である。言語技術に関する研究が進んではいるものの、体系的な書く技術の指導はまだ徹底されていない。そして第四点は、多くの国語科教科書では作文の単元が分散して置かれていることから、年間を通しての体系的な指導が実施しにくいことである。一九七八年版高等学校学習指導要領で「国語表現」という科目が新設されたものの、科目の趣旨が十分に理解されず、教育現場のカリキュラムに根付かなかったことに、現場の状況が端的に表れている。

作文指導を考える際には、常にこれらの問題点に配慮して、具体的にどのような方向から対応するのかを明確にする必要がある。

## 表現意欲を喚起するために

作文指導において最も重視しなければならないのは、学習者の表現意欲を喚起するということである。すべてはそこから出発する。表現するという行為は本来楽しい行為であるはずなのに、学校で強制的に書かされる「作文」は苦痛以外の何者でもない。その点を克服しない限り、効果的な作文指導を構想することは困難である。興味・関心・意欲は学びの根源にあるもので、授業を通してそれらを喚起することをまず工夫する必要がある。本節では、これらを「書くことへ向かう意志」として把握したうえで、その意志を育てることを主要なテーマとして、具体的な方策を考えることにしたい。

書くことへ向かう意志を育てるためには、特に次のような点への配慮が必要である。

① 書くことの効果的な教材を発掘すること。
② 学習者を円滑に書くことへといざなうための課題を工夫すること。
③ 書くことの具体的な場所を設定すること。
④ 個人・グループ・クラスの各レベルにおいて学習を展開し、「教室の文化」を生かした効果的な評価を実施すること。

まず配慮すべき点は、学習者の書くことへと向かう意志を育成できるような力のある教材を発掘することである。表現意欲を喚起するために、子どもたちの「いま、ここ」を大胆に取り込んだ教材開発を目指したい。わたくしはこれまでに具体的な実践に関する提案を続けてきたが、その中にはサブカルチャーに属する素材が多数含まれている。すなわち、多くの学習者が関心を寄せるマンガ、アニメーション、映像、音楽、テレビゲーム、インターネット、ＳＮＳなどのメディアを積極的に取り入れて、国語科の教材として成立するぎりぎりの境界線上に位置付けてきた。例えば教育的見地から常に批判の対象となるテレビゲームのような素材も、意図的に教材化してみる。テレビゲームの中に内在する、子どもたちの心を引き付ける力に注目するからである。ただし自明のことではあるが、テレビゲーム自体を教材とするわけではない。表現意欲を喚起するための装置として、位置付けることになる。

続いて、学習者を自然に書くことの活動へといざなうことが大切である。そのためには学習課題を工夫しなければならない。彼らが意欲を持って取り組むことができるような作文の学習課題を開発することは、授業の出発点である。学習者の関心に即した、また難易度も彼らのレベルにふさわしい課題を提供することによって、円滑な学習への導入が実現できる。

授業の内外で、必ず「書く」という具体的な活動の場面を設定することも重要である。学習課題を通して実際に書く場所を設定することは、作文指導の基本と言えよう。文章表現力は表現するという活動によって育成される。その実際の活動の中から、さらに新たな表現意欲が生まれてくる。書く活動自体の面白さを発見し、生徒たちが主体的に書くという課題に取り組むように仕向けることこそ、作文指導の戦略にほかならない。

学習者が個人で書いた作文は、グループおよびクラス単位の検証を経て、再度個人へとフィードバックしたうえで、よりふさわしい表現に向けての視野を開くようにしたい。グループ学習を積極的に取り入れて、個人、グループ、そしてクラスの各段階での学習が成立し、それらが相互に交流することによって、学習の効果を挙げることができる。

## 年間課題をめぐって

表現意欲喚起のための戦略は、文章を書くという時点から始まるものではない。文章を書くための前提として、日ごろから作文のための様々な学習を積み重ねる必要がある。特に「何を書いたらよいのか分からない」という問題に対応するために、学習者の中に「書くべき内容」をいかに蓄積させるかということを考えなければならない。実際に文章を書く段階におけるコンポジション指導との関連に配慮しながら、インベンション指導の方向を重視した学習指導を工夫する必要がある。

その際に重要なことが二つある。その一つは、国語科の授業、特に作文の授業の中だけで扱うべきことではなく、学習者の日常の言語生活において常に意識的に取り組むことができるように配慮するということである。そしていま一つ、国語科の授業の中で自然に学習を展開することができるように、すなわち学習の習慣を身に付けることができるように配慮する必要がある。

効率よく多くの知識や情報をストックさせるための具体的な方策の一つとして、「年間課題」という形で、日ごろから学習者が国語と関わる要素を可能な限り多く取り入れると効果的である。国語の学習は、授業時間の中だけで完結するものではない。国語科は日常生活において常に用いられることばを直接学習する教科であることから、一年間を通して取り組む課題を通して、日ごろからことばに対する関心と問題意識を高めておく必要がある。

## ワークシートの開発

書くことへ向かう意志を育てるためには、特設した時間の中で作文指導を実施するだけでは十分な成果を挙げることはできない。国語科に関わるあらゆる機会を活用して行う必要がある。前の節で言及した年間課題に関しても、学習者が自主的に書くことの習慣を付けるために有効な方策として位置付けることができる。そして国語科の授業においては、何よりも個々の学習者が実際に書くという活動の場を確保しなければならない。

具体的な実践としては、「授業レポート」と称するワークシートによってノート指導を展開することを提案したい。個々の授業の目標や内容を「研究の手引き」と称するレジュメに要約して、毎時間学習者に配布する。そのときに「授業レポート」の用紙をあわせて配布する。彼らは「研究の手引き」における目標や学習内容を確認しながら、自分で考えたこと、および授業中に話題になったことなどを「授業レポート」にまとめるようになる。「授業レポート」は毎時間提出させ、教師が内容を点検してから返却をする。

「授業レポート」には、授業内容に関する質問や感想などを自由に書くことができる欄として、「本日のひとことメモ」を設ける。それはまた教師との対話の場所にもなる。「授業レポート」はすべての学習者に提出させることになるが、必ず教師が目を通してから返却する。その際に「本日のひとことメモ」のコーナーには、特に教師の側からも簡単なコメントを入れてから返却する。教師には多大な負担がかかることになるわけだが、このコメントによって学習者の中には書くことへの新たな意欲が喚起され、書くことに意欲的な姿勢が芽生えてくる。

授業中に配布した資料は、返却された「授業レポート」を含めてすべて整理してファイル・ストックするように指導する。このファイルには、前に紹介した「年間課題」の成果なども綴じ込んでおく。年間を通しての国語科の学習の記録がファイルされることになるが、それをそのままポートフォリオ評価として扱うことも可能である。

## 今後の可能性を求めて

パソコンとスマートフォンによって、メールやSNSという表現および通信の手段が普及している。子どもたちにとってスマートフォンは、通話よりもメールやSNSの機能の方に重点が置かれるようになっている。彼らが意欲的にメールの送受信やSNSでのやりとりを繰り返すという事実に目を向けて、表現へと向かう意志の存在を確認しておきたい。そこには、情報のインタラクティブ性という特性が浮上する。すなわち情報を一方的に送信するのではなく、相手からの返信を期待するという意志を見ることができる。このような双方向の交信を可能にするという要素をメールの特性として把握し、それを教室での作文教育に取り入れることを工夫してみたい。

わたくしは中高一貫の私立学校勤務時に、異なる学年の間でメッセージを交流するという形態を取り入れた作文指導を展開したことがある。高校生の授業で「後輩へのアドバイス」というテーマで中学生に宛てた手紙を書き、それを実際に中学生が読んで評価するという実践であったが、中学生・高校生の双方が相手からの反応に強い関心を寄せた。また大学の教職課程における「国語科教育法」の授業では、高校生に向けて短作文の課題を発信するという内容で展開し、実際に高校生が取り組んだ。書かれた文章は相互に交流して、それぞれ評価を実施する。このように相手を想定して書くこと、そして相手の反応に即して書くことは、今日のメールにおけるコミュニケーションにつながる。学習者の生活する「いま、ここ」の文脈の中から適切な状況を取り上げて、学習のテーマとする。そのテーマをめぐって異なる学年の間でのインタラクティブなメッセージの交流を実現することによって、学習者の書くことへ向かう意志は活性化する。

まず、学習者の日常から作文へと向かう姿勢を育成し、国語科の授業時には常に「書くこと」の場所を自然な形で設けることによって、無理なく書くことへと向かわせるようにする。そして作文の授業では、彼らのいる「いま、ここ」と学校とを隔てる境界を越境して、書くという活動へといざなう。そのために、興味・関心を十分に喚起し得る教材を用意する。そして彼らが抵抗なく、書く活動へと展開することができるように、取り組みやすい学習課題を提示する。授業中もしくは授業時間外にでも、実際に書くという活動を取り入れるというのは当然のことである。かくして書かれた作文は、グループレベルで相互評価を実施し、クラス全体においても内容と表現の両面について吟味する場を設けることにする。そして最終的には個人へとフィードバックして、表現をいろいろと磨くことができる。教室には異なる個性を有する多くの生徒が集まっている。そこにはおのずと独自の「文化」が生成される。わたくしはそれを「教室の文化」と称しているが、この「教室の文化」を生かした評価を実施することも、作文の授業構想に含めておきたい。

子どもたちは本来、書くことが好きなはずである。もしも学校で作文教育を受けることが、彼らから書くことの楽しみを奪ってしまうとしたら、それはまさに本末転倒というべきであろう。彼らが自らの生きる現実の中で少しずつ育んできた書くことへと向かう意志を学校では大切にして、より大きな表現意欲を育てる必要がある。

## Ⅲ－6

# 「交流作文」で思いを伝える
## ――「書くこと」の効果的な課題設定

### 書くことへ向かう意志

「書くこと」の学びの最も基本的な課題は、次の二点である。

① 何を書いたらよいか。
② どのように書いたらよいか。

この二つの課題に応えるために、これまでに様々な「書くこと」の学びが構想され、実践されてきた。そしていま一つ考えなければならない重要な課題は、書くことに対する学習者の興味・関心を喚起するということである。

学習者の中には、潜在的なものであるにせよ、書きたいという意識がある。例えば彼らが日常的に使用しているＳＮＳのトーク機能を例にしても、膨大な量の書き込みが、いかに書きたいのかという事実を端的に物語っている。わたくしはそれを「書くことへ向かう意志」としてとらえ、その意志を引き出すような書くことの学びを構想してきた。

本節では、学習者の書くことへ向かう意志を生かしつつ、冒頭に掲げた二点の基本的な課題に応える学びとして、さらに「思いを伝える」ための効果的な課題設定につながる実践として、わたくしが開発した「交流作文」の授業構想を紹介する。

なお「交流作文」に関しては、すでに拙稿「『交流作文』の可能性を探る」(『国語科の教材・授業開発論─魅力ある言語活動のイノベーション』東洋館出版社、二〇〇九、所収)で論述したことから、本節ではその概要に言及したい。

## 「交流作文」とは何か

「交流作文」とは、その名称の通り、学習者の「交流」が主要な活動となる。先に例としたラインに即して考えると、まず書く相手が存在すること、そしてその相手からの反応が返ってくることが、重要な前提となる。「交流作文」では、この二つの要素に着目した。

すなわち、「交流」する相手を具体的に設定して書くことの活動を試み、その相手との交流の実現によって、さらなる書くことの活動へとつなげる試みが「交流作文」である。具体的な実践に即して述べるなら、中学三年生の学習者が、同じ中学の一年生の後輩に向けて、「後輩へのアドバイス―中学校生活を充実させるために」というテーマでメッセージを書く。その内容を吟味し推敲したうえで、所定の用紙にまとめる。それを実際に中学一年生の学習者に届けて、先輩からのアドバイスを読ませる。その後に今度は一年生からの返信という形式で、礼状の意味も含めて感想をまとめ、再度三年生に戻す。

中学校に二年間以上在籍して、様々な状況を経験してきた三年生にとって、「中学校生活を充実させるために」というテーマはきわめて身近なものであり、それを後輩に伝えるという場面設定もまた、書くことへ向かう意志の喚起につながる。そして後輩からの返信は、自らのアドバイスがどのように伝わったかということを具体的に評価する貴重な資料になる。

「交流作文」では、具体的な相手が設定され、さらに相手からの反応が期待できるところに重要な意味がある。最も手軽に実践ができるのは同じクラス内での交流だが、可能な範囲で同じ学校の異なる学年での交流、さらに他の学校との交流が実現すると、学習者の関心はさらに高まるはずである。ただしそのためには、あらかじめ指導する教師の側の連携も必要となる。

## 大学生と高校生の「交流作文」

わたくし自身、担当する教職課程科目「国語科教育法」において、「交流作文」の実践を取り入れている。それは、大学の授業で受講者に高校一年生が取り組む作文の課題を検討させるところから出発する。十分間に二〇〇字の短作文を書くことを前提として、適切な作文の課題を工夫することになる。さらにその課題で作文を書くという場面において、効果的に書くための技術的な助言も工夫し、評価の観点を二項目設定する。

大学生が考えた作文の課題、および書くための言語技術、二項目の評価の観点を所定の用紙に整理する。高校側に依頼して、高校一年生が授業中に大学生が出題した課題に取り組む。高校生に課題に即して作文を実際に書くとともに、課題に対する感想も記入する。完成した作文は、そのまま回収して出題した大学生のもとに届ける。今度は評価についての検討を経て、大学生は戻ってきた作文をあらかじめ定めた観点に即して評価し、コメントを記入して再度高校生に戻す。

この大学生と高校生との「交流作文」では、それぞれの学習者にとって価値ある学びが成立している。大学生にとっては、自らが考案した課題に実際の高校生が直接取り組むことから、まさに生きた教材が提供されることになる。特に課題設定に関しては、深く追究することができる。そして高校生にとっても、世代が近い大学生からの課題は興味深い内容で、意欲的に取り組むことができる。また、詳しいコメントが返ってくることに対する期待も大きい。

## 主体的・協働的な学びと課題設定

ここで紹介した「交流作文」の試みは、「思いを伝える」というテーマに関わるもので、主体的かつ協働的な書くことの学びが可能となる。学習者の書くことに向かう意志を生かすような課題設定のもとで、授業を展開することができる。離れた地域の学校との交流が実現すれば、それぞれの地域の特性を伝え合うこともできよう。

特に重要なのは、交流する相手の状況をよく勘案したうえで、どちらの学習者にとっても価値ある書くことの学びを実現することである。「交流作文」の充実した活動は、新たな書くことの意欲喚起に直結する。

# Ⅲ－7 手紙を書く

## 手紙と国語科

二〇一八年版高等学校学習指導要領の「国語表現」では、「書くこと」の言語活動例として次のような内容が取り上げられている。

紹介、連絡、依頼などの実務的な手紙や電子メールを書く活動。

二〇一七年版中学校学習指導要領においても、第2学年の言語活動例に「社会生活に必要な手紙や電子メールを書く」活動が示されているが、高等学校においてもその発展的な言語活動として「手紙」が位置付けられ、さらに「電子メール」が加えられている。ちなみに、学習指導要領に手紙の指導が取り入れられた歴史は長く、すでに一九四七年の「試案」から手紙を書く活動が見られる。

国語科における手紙の指導は、書写の指導とも関連して実施されてきた。相手に伝える内容を、文章構成や用語の用い方などに配慮して書くこと、その際に文字の形や配列をも意識して書くことが求められてきた。さらに読むことの指導との関連からも、例えば小説の登場人物に手紙を書くという活動が展開されてきた。

一九九八年版小・中学校、一九九九年版高等学校の学習指導要領では、「伝え合う力」の育成が目標とされたことからも、手紙を書く活動が重視されるようになった。一九九九年版高等学校学習指導要領における「国語総合」の「書くこと」では、「相手や目的に応じて適切な語句を用い、手紙や通知などを書くこと」という言語活動例が示されている。

手紙の扱いは形式を学ぶという実用的な側面を指導事項に含める必要があるが、形式の指導だけにとどまらずに、実際に手紙や通知を書くという活動を通して、内容面の指導へと踏み込むようにしたい。さらに二〇〇九年版高等学校学習指導要領に示された「相手や目的に応じた語句を用い」という点に配慮して、相手意識・目的意識に対応した表現を目指すことにも配慮しなければならない。

## 形式に関する指導

手紙の指導には、大きく分けて「形式」と「内容」がある。まず手紙の形式としては、一般的には次のような指導事項が考えられる。また手紙に関連して、葉書の形式についても指導する必要がある。

①手紙の基本形態。
②頭語、結語の実際、および両者の関連。
③時候の挨拶の具体例。
④前文、主文、末文の書き方。
⑤差出人の氏名、年月日、相手の氏名の書き方。
⑥封筒（相手の住所、宛て名、差出人の住所、氏名など）の書き方。

このような形式に関しては教科書のほかにも「国語便覧」等に整理されている。適宜参照しながら学習を展開したい。

指導に際しては、実例を学習者に参照させながら理解を促すようにしたい。教科書の関連のコラムや「国語便覧」に掲載された事項を参考にして、常に具体的なイメージを提示する工夫が必要となる。

## 内容に関する指導

特に手紙の場合、実際の手紙を教材としたうえで、「読むこと」の学習との関連で扱うことも工夫したい。時間をかけて読解するための教材ではなく、多様な手紙に接することによって、学習者がその内容や表現、さらに文体がいかに幅広く自由であるかを知ることが教材選定の観点となる。教科書のみに依拠せずに、自主教材を用いて手紙に対する生徒の興味・関心を喚起するようにしたい。具体的には、例えば次のような手紙の教材化が考えられる。

① 文学者の『全集』に収録された手紙など、刊行されている書簡および往復書簡。
② 手紙の形式を用いて書かれた小説。小説の中に出てくる手紙。
③ 手紙の形式を用いて書かれた歌の歌詞。

④　学習者が書いた手紙を本人の了承を得て教材化したもの。

個々の手紙の固有の立場や文体に接することは、学習者の表現に対する興味・関心を高めることにつながる。そして教材となった手紙を読むだけではなく、必ず学習者をして実際に手紙を書くという活動へと至らしめるのが、最大の目標である。

## 指導の実際

実際に手紙を書くという活動を設定する際にもっともふさわしい形態は、学習者の現実の問題意識と深く関わる話題について、相手からの返信を期待することができるような場面において実施することである。例えば、異なる学年間の学習者において手紙を通した交流を目指すことなども工夫できる。

以下に、高校一年生を対象とした授業を紹介する。学習者に提起する課題は次のようなものである。

①　あなたは何のためにこの高校に入ったのか、また高校生活に何を期待するのか考えてみよう。
②　あなたはこの高校について正しく理解しているだろうか。実際に高校で学んでいる先輩に、

直接尋ねてみたいことをまとめてみよう。

以上の二点を踏まえて、実際に高校三年生に宛てて手紙を書く。一度だけ下書きを書いて提出させ、特に問題のある内容があれば再考させる。そのうえで授業中に個々に便箋と封筒を用意させて、実際に手紙を書くことにする。なおプライバシー保護のために、個人名はすべてイニシャルに統一するなどの配慮が必要である。

高校一年生が作成した手紙は回収して、同じ高校の三年生の教室に持ち込むことにした。大学での授業が国語教育に関する内容なので、一年生の書いた手紙はそのまま三年生に対する「教材」にもなる。三年生は「形式」「内容」の両面から高校生からの手紙を読んで、授業中にその返事を書く。返事では、手紙の形式に関して気が付いた点にも言及する。このようにして書かれた返事を、再度一年生にフィードバックするわけである。あらかじめ返事が返ってくることを前提とすると、学習者は意欲的に手紙を書く。また同じ高校に学ぶ三年生の先輩からの返事はとても楽しみにして読む。このような手紙のやり取りは、相互に好ましい影響をもたらす形態として、可能な範囲で授業に取り入れるようにしたい。

## 総合単元の中で

これまでの形式や内容の指導は、特設単元における取り立て指導という形態が一般的である。このような指導を前提としたうえで、総合単元において単元全体の学習の展開に即して手紙や通知を書くという活動を展開することもできる。

単元の学習テーマに関して、グループ単位の学習も導入して、その際に取材というフィールドワークを取り入れるようにする。その段階で、取材の相手に向けて、取材の許可を求めるための手紙を作成するという場面が設定される。相手や目的、意図をよく検討して効果的な手紙を作成するように指導する。そして完成した手紙は、実際に郵送によって先方に届けることにする。かくて取材の許可が得られて実際に取材を実施できた場合、事後にはお礼の手紙をグループ全員で書くことにする。

## メールと手紙

ところで高校生の実態としては、手紙に代わるコミュニケーションの手段として、メールやSNSが多く用いられている。少し前のデータだが、二〇〇九年五月に公表された文部科学省の「子どもの携帯電話等の利用に関する調査・調査結果の概要」を参照すると、高校二年生では九五・

九パーセントが自分専用の携帯電話を所持していることが分かる。また「子どもの一日の平均通話時間、平均メール送受信件数」によれば、携帯電話では通話よりもメール機能の方が、使用頻度が高いという事実も明らかになっている。日常生活の中で高校生が手紙を書く場面は決して多くはない。

携帯メールの特色として、情報の即時性および双方向性という点がある。その反面、相手の表情が見えにくいという問題もある。そこで特に注目したいのは、「手書き」という側面である。手紙には「手」という身体に関わることばが用いられているように、本来直接手で「書く」という活動である。携帯メールのキーボード操作から生まれる活字による文字とは異なり、手書きの文字という媒体を通して、手紙では相手の身体の表情を直接感じることができる。この身体性が、メールとは異なる手紙の特色ということになる。特に私信としての手紙を書くという活動を取り入れる際には、文字の手書きに配慮した授業を構想する必要がある。

なお二〇一八年四月に公表された東京都の「家庭等における青少年の携帯電話・スマートフォン等の利用等に関する調査結果」によれば、高校生が利用している機器はスマートフォンが九三・六パーセント、その他の携帯電話が六・〇パーセントで、圧倒的にスマートフォンが多い。また使用目的は「SNS等のコミュニケーションアプリ」が三七・六パーセントと最も多く、「メールをする」は九・二パーセントであった。

## まとめと課題

国語科における手紙の扱いは、一つは特設単元による取り立て指導、いま一つは総合単元による関連指導である。前者は、手紙に関する指導事項を網羅した表現単元を設けて、その中で集中的に指導することになる。後者は、様々な指導事項を盛り込んだ総合的な単元の中で、他の事項との関連を図りながら手紙の指導を行うものである。この両者の方向をそれぞれ効果的に関連させながら、年間指導計画の中に取り入れるようにしたい。高校段階では、主に後者の扱いを検討することになるが、手紙の形式に対する理解も徹底させる必要がある。

実生活の中で、高校生が実際に手紙を書くという機会は少ない。ただし、実社会に出たときのためにも、可能な限り実際の生活に即して自然な形で書く機会を授業の中に設定しておきたい。

# Ⅲ－8

# 編集を取り入れた国語科の授業構想

## 「編集」の授業

「編集」という用語は、主に新聞・雑誌・単行本などの出版、および映画など映像の制作に関連して用いられる。ある一定の方針のもとに、様々な情報を統合し、整理するという作業が「編集」ということになる。編集は価値ある言語活動として国語科の授業に取り入れられてきた。すでに小学校から高等学校に至る広い校種において、編集を活用した授業が実践されている。また編集に関する先行研究も多い。本節ではそれらを参考にしつつ、わたくし自身が中学校および高等学校において実践した内容に基づいた、具体的な授業の構想を提案したい。

## 新聞の編集

まず、新聞の編集に関連した活動を取り上げる。新聞の紙面に掲載する記事を編集するという場面を想定した場合、最初に取材に基づいて個々の記事を作成するという作業がある。様々なトピックを記事にまとめるという展開が、新聞編集の基本にある。続いてどの記事を紙面に取り上げるのかを検討し、レイアウトを決める。さらに見出しを付けるのも大切な編集の過程である。

このような新聞の編集に関する作業は、そのまま国語科の活動として授業に取り入れることができる。なお本節で紹介する授業は、学習者の現状に対応する教材開発によって、小学校から高等学校までのどの校種でも扱うことが可能なものである。

初めに紹介するのは、実際の新聞記事を教材とした授業である。新聞の一面に掲載された記事を三編から四編程度、教材として用意する。記事の長さはなるべく揃えるようにして、学習者にとって身近で分かりやすい記事を選ぶ。教材とする記事が決まったら、見出しは伏せて記事の順序も実際の紙面とは無関係な状態で配布する。授業はそれぞれの記事をしっかりと読むところから出発する。教材となった記事を読んだ後に学習者が取り組む主な課題は、次の二点となる。一つはそれぞれの記事の見出しを工夫すること、いま一つは記事の順序を検討することである。

授業では、「個人レベル」「グループレベル」「クラスレベル」の三種の場面を設けることにする。先に提示した二つの課題にまず個人で取り組んで考えをまとめる。それぞれの記事の見出しを工夫してワークシートに記入する。さらに、記事の掲載順序を重要度が高い順に並べるようにする。また、そのように判断した理由に関しても明らかにしておく。個人レベルの学びが一段落してから、続いて四名から五名の編成によるグループ学習を展開する。個人の考えを交流しながら、グループの考えを整理する。見出しに関しては個人で考えたいくつかの候補を検討して、もっともふさわしいものを選ぶ。また掲載順序に関しても、グループ内で意見を交換し、グループとしての見解をまとめるようにする。さらにそれをグループごとに発表して、クラス全体で交流する。

教材としたのは実際の新聞記事であった。そこで最後に参考として、実際の新聞の紙面を紹介したうえで、新聞の編集者がどのような意図で見出しを工夫し、また記事の配列を考えたのかを考えて授業を総括する。メディア・リテラシーにつながる授業構想であるが、一時間程度の短時間で扱うことができることから、「投げ込み」としての扱いも含めて、様々な場面での実践が可能となる。

続いて紹介するのは、実際の「新聞づくり」を学習者に丸ごと体験させるというものである。この活動も国語科教科書に取り入れられ、多くの現場で実践されている。最終的に発行する新聞の形態は、グループごとに大判の用紙に手書きで書いて壁新聞として掲示する形態や、記事のデータを持ち寄って編集してから用紙に印刷して配布するという形態などがある。

まず発行する新聞のテーマを決めて、企画を検討する作業から始める。新聞のテーマとしては、例えば学校紹介や学校行事に関するものなどがよく取り上げられている。全体テーマをめぐって、どのような新聞を発行するのかをグループで話し合う。これが編集会議ということになる。具体的な方向が決まったら、記事をまとめる活動に移る。

グループ内で分担して、個々のメンバーがまとめる記事を確認する。メンバーは取材を経たうえで記事を作成し、次の時間に書いた記事を持ち寄る。グループで再度編集会議を開いて、今度は見出しと紙面のレイアウトを工夫することになる。そのような過程を経て、新聞が発行される。完成した新聞については、クラス内で相互評価を実施する。以上のように、編集を経て新聞の発行に至るというプロセスを個々の学習者に体験させることで、価値ある学びが実現できる。

発行する新聞のテーマとしては、身近なトピックを取り上げるだけではなく、物語を扱う単元を編成する際などに、総括の段階で新聞づくりの活動を設定できるはずである。「走れメロス」を学んだ後で、教材の読みを踏まえて、「『走れメロス』新聞」を編集するという活動は、「読むこと」の学びの効果的な総括となる。

## アンソロジーの編集

続いて雑誌の編集を取り入れた授業について考えてみたい。多く実践されているのは「文集づくり」である。国語科の授業にとどまらず、卒業学年が学級もしくは学年単位の記念文集を編集して発行するという活動は、多くの学校で取り入れられている。

授業に編集を取り入れる場合には、国語科の学びに直接つながる活動を扱う必要がある。そこで詩歌を扱う単元に関連して、アンソロジー（詞華集）を編むという活動を紹介したい。韻文単元の編成には特に工夫が必要になる。教材を読んで説明するという形態の授業のみでは、学習者の主体的な興味・関心を喚起することはできない。そこで個々の学習者が関心を抱いた詩を選んで、それをもとにアンソロジーを編集するという活動を工夫してみた。先に紹介した授業と同様に、個人、グループ、クラスにおいて、それぞれ学びの交流の実現を目指すことになる。

まず学習者が身近な場所から自分が好きな詩を探して、何編かを選ぶ。図書館を活用して、なるべく多くの詩を読む機会を設けたい。うたの歌詞まで探索の範囲を広げると、学習者の関心はさらに広がるはずである。選んだ詩と作者名をノートに書き写し、その詩が好きな理由をメモしておく。そこまでが個人レベルの活動になる。それを今度はグループで交流して、グループ単位でアンソロジーの編集を目指す。個々のメンバーが選んだ詩を読み合い、どのようなテーマの作品集にするのかを話し合いながら、掲載する作品を決めることになる。

作品集のタイトルと掲載する作品の順序を決めてから、「はじめに」と「おわりに」を分担執筆する。特に「おわりに」は「編集後記」としての意味合いも含むことから、重要な活動になる。授業時間に余裕があれば、決めたテーマでさらに作品を持ち寄ってもよい。かくしてグループ単位で一冊ずつ、メンバーの好きな詩のアンソロジーが完成する。それを印刷・製本をしてクラス全員に配布してから、グループごとに発表会を開催する。発表会ではそれぞれの作品集に掲載された詩を、ＢＧＭを流しながら朗読して紹介する。それをクラス全員で共有しつつ鑑賞し、完成したアンソロジーを評価することで、授業の総括ができる。

なお、あらかじめグループ単位でどのようなアンソロジーを編集するのかを話し合ってから、そのテーマに即して詩を発掘するという方向もある。その方が取り組みやすいという学習者の感想もあった。ただし、例えば「成長」や「出会いと別れ」のようなテーマを先に決めてしまうと、作品本来のダイナミズムがテーマによって矮小化されてしまうのではないかという危惧もある。様々な検証を経て、より効果的な授業を構想したいと思う。

## ホームページの編集

これまで、新聞・雑誌という文字情報に特化した編集を取り入れた授業構想を紹介したが、当然のことながら編集の対象には映像情報も含まれる。そこで、映像をも含めた扱いも考えてみたい。学校紹介のパンフレットを作成するという課題では、イラストや写真などの映像を含めた編集を扱うことができる。また新聞づくりに関連して、テレビのニュース番組を取り上げて、個々のニュース映像の順序を考えるという授業を構想することもできる。

以下に提案するのは、ホームページづくりという活動である。単元名は「『羅生門』のホームページ開設」として、単元の目標は「羅生門」に親しむためのホームページづくりを目指す、としたうえで、ホームページの構想をまとめる。

単元の編成は三部構成とし、第一部では「羅生門」に関する基本的な「読むこと」の学びを展開する。第二部では「羅生門」に親しむことを目的としたホームページづくりのために、どのようなコンテンツを設けたらよいかをグループで話し合う。もっともふさわしいと思われるコンテンツを考えて、その内容と形態を検討する。第三部では各グループで作成したホームページのコンテンツに関する発表をする。それをクラスで評価し、実際にホームページのコンテンツとして採用したいものを選ぶ。

この授業は前に紹介した新聞づくりと同様に、文学教材を扱う単元の総括としての位置付けができる。映像や音楽などのメディアを含む編集を取り入れた授業を工夫することは、今後の重要な課題となる。

## 今後の課題

高度情報化がますます進展する現代社会において、情報の統合・整理を目指す編集の重要性は高まりつつある。本節では多くの先行研究・実践を参考にしつつ、わたくし自身が実践を試みた授業の中から、編集を取り入れた試みをいくつか紹介した。今後は特に理論面の研究との関連、さらにメディア・リテラシー教育やＩＣＴ教育との関連も重視しなければならない。国語科という教科の枠組みを逸脱することなく、多様なメディアやツールを意識した編集に配慮しつつ、常に学習者の実態に即した、工夫を凝らした授業を展開するようにしたい。

# Ⅲ－9

# 読解指導開発のための工夫
## ――実践に即して

### 読解力と「読解力」

ＰＩＳＡの調査結果が公表されてから、「読解力低下」が急激に話題に上り、活発な論議が実施された。この論議の過程で浮上した問題点は、「読解力」という用語の意味するところを的確に把握しなければならないという点であった。この点に関しては、吉田裕久が「読解力と『読解力』（Reading Literacy）」（『教育科学国語教育』二〇〇六・二）において、カッコの付かない読解力とカッコの付いた「読解力」とを分けて考える必要性を指摘していることに注目したい（以下引用はすべてこの論文による）。すなわちカッコの付かない読解力とは「文章・作品を読み解く力」であり、国語科が「従来求めてきた」ものを意味する。これに対してカッコの付いた「読解力」とは「ＯＥＣＤのＰＩＳＡ調査で求められたReading Literacy」の意味である。吉田は「受けとめ」を基本とする前者と、「受けとめたことをさらに表現していく」後者とを一律にとらえずに、「一部に共通項を持ちながら、そのねらいとするところは別物と捉えておいた方がよい」としたうえで、「結論から言えば、カッコの付かない読解力も、カッコの付いた「読解力」も、ともに必要な読みの力だと捉えている」と述べている。「読解力低下」や「読解力育成」を話題にする際には、まずその「読解力」という用語の意味を明確にしなければならない。読解力の構造を問うためには、吉田の指摘のように、ＰＩＳＡ型「読解力」だけではなく従来型の読解力をも含めた検討をする必要がある。

## 読解の対象となるテキストを考える

石原千秋は『国語教科書の思想』（筑摩書房、二〇〇五）において、ＰＩＳＡ型「読解力」は次の三点に集約できると述べている。それは「1、文章や図や表から情報を読み解く力」「2、文章を批判的に読む力」「3、これらを記述する力」の三点である。この石原の指摘は、読解力の構造を問う際に重要な示唆を与えてくれる。そこで本節では、特に二つの観点から読解力の構造を考えてみたい。

まず第一点は、読解力の「読解」の対象となる素材の問題である。すなわちＰＩＳＡ型「読解力」で扱うテキストが、文章による「連続型テキスト」に止まらず、図・グラフ・表などの「非連続型テキスト」と称されるものも含まれるという点に着目したい。これからの国語教育で読解の対象とするべきは、文章中心のテキストだけではなくより多様な素材である。国語科の読解力を考える際に、「読むこと」から「見ること」に範囲を広げることも検討されてよい。

わたくしは、多くの学習者が興味・関心を有する様々なメディアに注目し、その教材化の可能性を探ってきた。すなわち、マンガ、アニメーション、映像、音楽、テレビゲーム、CM、インターネット、SNSなどを、国語科の教材として成立するぎりぎりの境界線上に位置付ける試みを提案し続けている。国語科で扱う「リテラシー」の領域が、「マルチリテラシーズ」や「ビジュアルリテラシー」にまで拡大されつつある現状に、PISA型「読解力」の範囲に「非連続型テキスト」が加わった状況を勘案すると、「境界線上の教材」がより国語科の範疇に引き寄せられたと見ることができる。

これらの多様なテキストに接してそれらの特性を理解し、そこから発信されるメッセージを読み取ること、それは読解力の問題でもある。何よりも、わたくしたちはことばで思考し、ことばで認識している。

## 表現力から問い直す読解力

PISA型「読解力」の話題に関連して次に検討を要するのは、読解という行為がテキストを単に読むという活動に止まらず、テキストを利用して、テキストに基づいて意見を述べたりするという「表現」の活動も含めて考えるという点である。このことは、冒頭に引用した吉田裕久の論文でも言及されていた。「読解」という活動が、単に書かれた内容を正確に読み取ること、すなわち「情報の取り出し」だけではなく、テキストの内容を自らの考え方と結びつけたり、評価をしたり、そして自らの考え方を表現したりする活動へと展開するというのがＰＩＳＡ型「読解力」の考え方にほかならない。換言すれば、受動的な「読むこと」から能動的な「読むこと」へと、コンセプトを転換することが求められる。さらに能動的な「読むこと」を考えるとき、文章に書かれた筆者の見解をそのまま鵜呑みにするのではなく、まさに「熟考・評価」することが求められることになる。筆者の考え方に対する自らの考え方は、ことばで表現することによってより明確な輪郭ができる。読解力を問い直す視点として、表現力を考えてみたい。

以上のように、ＰＩＳＡ型「読解力」の考え方を参考にしつつ改めて読解力の構造を考えるとき、読解の対象となるテキストの範囲をより広げることと、読解力と表現力とを密接に関連付けることの重要性を確認することができる。

## 読解力の構造の考察から構想する授業

前節で考察を加えた読解力の構造を授業の構想に生かすとき、様々な工夫が可能である。読解指導に限ったことではないが、授業の基盤には「楽しい」という要素が必要である。授業時間の中で、指導者も学習者もともに「楽しい」と実感できる瞬間を確保したい。学びを支えるのは、「楽しい」という思いである。それは様々な学びを開くための大きな原動力となる。どのようにして「楽しい」と思えるような要素を授業に取り入れるのかを、まず検討する必要がある。授業開発の第一のポイントは、この「楽しさ」の演出ということになるだろう。

授業の基本的な要素として、いま一つ「力のつく」という要素に配慮しなければならない。その授業を通して、どのような国語の学力を育成するのかということは、授業構想の段階でしっかりと押さえておくべきである。それがそのまま授業の目標となり、さらに評価にも直結する。読解指導では、当然のことながら従前からの読解力、およびPISA型「読解力」の育成が目標となる。「楽しく、力のつく」という原点に立つ授業を創るために、様々な国語教育の戦略が必要になる。

授業構想に必要不可欠なものは、やはり教師の不断の努力である。現場の業務量の多さによる多忙を理由に、授業創りにかける情熱を後退させてはならない。いわゆる「定番教材」が教科書に残る理由が教師の多忙にあるとしたら、それは寂しいことである。教師は、新たな教材の発掘に全力で取り組むべきではあるまいか。視野を広くして、学習者にとって興味・関心のある領域を視野に収めるようにしたい。あわせて情報を仕入れるアンテナを精一杯高くして、授業に直結するための様々な情報を収集する必要がある。

国語教育の様々な工夫は常に更新される。一つの工夫が絶対的な効果を長く保ち続けることはない。時の流れとともに見直され、改訂されるべきものである。そのためにも、ぜひ多くの実践を交流したい。全国の現場の担当者はそれぞれが工夫を凝らした授業を展開しているはずである。その実践を記述し、交流することによって、新たな着想を次々と生み出すことができればよい。読解力が話題になるいまこそ、新たな読解指導開発を求めて、魅力溢れる授業創りのための意欲的な工夫を続けたい。

## Ⅲ－10

# 読書が好きになるために
## ――年間課題と授業構想

高度情報化の時代の中で、学習者の意識を自主的かつ主体的な読書へと向かうように導くことには、大きな意味がある。インターネットの環境も取り入れながら、子どもたちの読書生活を豊かなものにする努力が必要になる。

読書指導にはいくつかの段階がある。それは、具体的には次のような段階である。

① 学習者が本を読みたいという意識を抱くようにする。
② 本に関する情報を提供し、交流する中で、読みたい本を探すことができるようにする。

③　実際に本を読んで、本から様々な情報が得られるようにする。
④　読んだ本について交流して、その内容を深く理解できるようにする。
⑤　読書の体験を活用して、さらに発展的な読書へとつなげる。

以上のようなそれぞれの段階において、適切な読書指導を心がけたい。

中学校と高等学校の授業を担当したとき、学習者に年間を通して取り組ませる「年間課題」を提出した。ことばの学びは国語科の授業時間の中だけにとどまるものではなく、年間を通して展開する必要がある。そこで例えば、新聞のコラムや社説を読んで、漢字・語句の学習と内容の要約という課題に、年間を通して取り組むようにした。

その年間課題の中に、読書に関する課題も含めた。それは「読書ラリー」と称する課題である。この課題に関してはすでにⅡ－６で触れたが、改めて概要を紹介する。まず教師の側で、あらかじめ学習者に読んでほしい本のリストを作成して、それぞれの本に点数を与える。このリストには、同僚の教師に依頼して推薦してもらった本も含めた。学習者はリストから自由に本を選んで読み、「読書の記録」と称する用紙にその記録をまとめて提出する。「読書の記録」は教師が点検して、その内容に応じた点数を与える。その際の最高得点は、あらかじめリストに示された点数となる。

「読書の記録」の内容によっては大きく減点される場合もあるので、学習者はしっかりと本を読んでまとめなければならない。あらかじめ点数のノルマを決めて、そのノルマとした点数を超える分量の本を読むことになる。ノルマを超えた点数は、平常点として評価に反映する。わずかながらもゲームの要素を取り入れた試みによって、学習者の読書生活が豊かになるとともに、読書の習慣が身に付くという成果が期待できる。

先に読書指導の五つの段階について紹介したが、読書はまず本を読みたいという意識から出発する。「読書ラリー」のような年間課題の目的の一つは、読書の習慣を身に付けることにあった。続けて、本に関する情報を提供しそれを交流する中で、一人ひとりの学習者が読みたい本を探すことができる段階に進む。この段階は、国語科の授業時間に組み込むことができる。

膨大な量の本の中から、自身が読みたい本を探すのは困難を伴う。いったいどの本が面白くて、ためになるのであろうか。このような問いに応えるために、本に関する具体的な情報が必要になる。ここで注意したいのは、教師からの情報提供よりも、学習者の側から提供された情報の方がより重視される、という事実にほかならない。様々な個性を有する多様な学習者が存在する教室には、自ずと独自の「教室の文化」が形成されている。その活用によって、効果的な読書指導が期待できる。

そこで、読書活動を中心とした単元「こんなひとに、こんな本を」の一部を紹介したい。この単元は、小学校高学年から高等学校に至るすべての校種での実践が可能となる。

学習者に向けたオリジナルの「読書案内」の発行が、この単元の学習の中心となる課題である。読書案内を作る本の基準は、とにかく「面白い」こと、そして「役に立つ」ことの二点に絞る。まず「こんな人にこんな本を」というテーマで、自らの読書体験の中から「人に薦めてみたい本」を選ぶ。選んだ本の内容は「読書カード」に整理する。カードに書く具体的な情報としては、本の作者名と書名、発行所名、発行年月などの基本情報に加えて、「こんな本です、ひとこと紹介」「こんな人にお薦め」という点についてそれぞれ簡単にまとめる。さらに「面白さランキング」と「役に立つランキング」を、星のマークで記入することになる。あらかじめ白い星のマークを五つ付けておいて、ランキングに応じて黒く塗りつぶす。五つとも塗りつぶしたものが最高点となる。

授業では個人レベルの情報に基づく「読書カード」から出発し、それをグループやクラスレベルで交流したうえで、より普遍性のある「読書案内」へと改訂を重ねるようにする。そして、授業時間を活用してクラスの中で各グループの推薦図書の発表会が実施できれば、さらに効果的である。

完成したクラスレベルの「読書案内」は、紹介された本を読んだ学習者の手による「評価コメント」を記入することによって、さらに充実させることができる。また、次々と新しい「読書カード」を付け加えることもできるはずである。多くの学習者が読書好きになるような学びを工夫すること、それは国語科教師の重要な使命である。

## Ⅲ－11

# 国語科の交流活動
## ――「教室の文化」を生かすために

教室には様々な個性を持った学習者がいる。教室での学びは、学習者個人の学びにとどまることなく、仲間との交流を通して深められることになる。例えば、ある発問に対して発信された仲間の意見を聞くことによって、自らの考え方と比較・検討し、新たな着想が得られる。教室には、学習者の「文化」が存在していると見ることができる。わたくしは、それを「教室の文化」としてとらえることにしている。

国語科の授業を構想する際には、この「教室の文化」をいかに活用するかという点に配慮しなければならない。教室の中で、効果的な交流活動が展開できるような授業を心がけたいものである。

毎日の授業において、効果的な交流活動を推進するためには、例えば、グループ学習の形態によって学習者の交流活動を促すことも工夫できる。ただし、日ごろから自然な形で交流ができるような指導を心がけることが前提となる。

そのための一つの方法として、「授業レポート」と称するワークシートについて紹介したい。

本書で繰り返し言及するように、わたくしは中学校・高等学校に勤務していたころから、原則としてすべての授業において、レジュメに相当する「研究の手引き」とともに「授業レポート」を作成し、学習者全員に配布している。彼らは「研究の手引き」に即した授業を受講しつつ、授業中に「授業レポート」を作成することになる。

この「授業レポート」に、「個人レベル」と「グループレベル」もしくは「クラスレベル」と称する欄を設けることがある。まず、授業中に提起された課題について、自分自身の考え方をまとめて記入するのが「個人レベル」の欄となる。その記録をもとに、授業中に意見の交流を実施する。交流の際に、グループやクラスの仲間の発言を聞いて、「グループレベル」および「クラスレベル」の欄にその要点を記入する。

意見の交流の後で、改めて課題を吟味して、自らの考え方をまとめて総括する。学習者は、「授業レポート」に書くという活動を通して、グループやクラスの仲間との意見の交流のプロセス、さらに課題に対する考え方の深化のプロセスを確認することができる。

続いてもう一つ実践例を掲げる。韻文を学習した際などに、創作を取り入れることがある。創作的な活動は、学習者の興味・関心の喚起に効力を発揮する。ただし、単に創作させるだけではなく、評価の工夫が必要になる。ここでも「授業レポート」を活用することができる。すなわち、ある学習者が創作した作品を「授業レポート」に書いた後で、グループやクラスで仲間と交換して、相互にその作品に対するコメントを記入する。コメンテーターの氏名を記入して、作成者に戻す。できれば、複数の仲間がコメントできるような欄を設けておくと効果的である。友人からのコメントは、新たな創作活動への意欲を後押ししてくれる。これもまた、大切な交流活動としてとらえることができる。

交流の規模をさらに拡大させて、異なる学年間の交流、そして他の学校や異なる校種の間での交流などが実現できれば、学習者の関心をより高め、視野を広げることが可能になる。これは、前の節で紹介した「交流作文」の考え方に関連するものだが、「後輩へのアドバイス」をテーマにした学習活動を紹介したい。これは例えば小学校の高学年と中学年、もしくは中・高等学校の三年生と一年生のような、異なる学年間での交流の実現を目標として展開するものである。中・高一貫の学校では、高校生と中学生との間で実施することもできる。ここでは中学校三年生と一年生の事例に即して、具体的に紹介してみたい

実施時期は六月の上旬とする。まず中学校三年生の「国語」の授業で、同じ学校の中学校一年生に向けて、どのようにしたら中学校生活を充実させることができるかという課題について、自分自身の体験に即して手紙の形式でまとめることにする。文字数は四〇〇字程度として、なるべく具体的に書くように指導する。書く前に学習の趣旨を徹底し、さらに手紙の書き方についても指導する時間を設けることにする。そのうえで、実際に中学校一年生に宛てて手紙を書くことになる。

相手は、中学校に入学後二か月ほど経過して、ようやく中学校がどのような場所なのかが分かってきたばかりである。中学生としての学校生活を充実させるには、どうしたらよいのかという

問題意識を抱くのが一般的である。そのような一年生の実態を紹介したうえで、3年生に先輩としてのアドバイスを書かせるようにする。

反対に、まず一年生の学習者に対して、三年生の先輩に尋ねてみたいことなどを自由に書かせることもできる。いずれの場合でも、教師が十分に指導をすることが前提となる。書き手の氏名はすべてイニシャルとして、相手の学習者に関しても、どのクラスのどの生徒かという情報はいっさい与えずに書くようにする。そのうえで、実際に学習者が書いた手紙を相手の学年に渡す。その学年の担当教師に協力を依頼して、公平に行きわたるように配慮する。続いて手紙を受け取った学習者から、書いてくれた先輩もしくは後輩に対して返事を書く。返事もまた教師の協力で、確実に相手に届けるように配慮する。このような異なる学年間の交流も、学習者の書くことに向かう意志を育てることに繋がる。

情報メディアの進展に伴って、新たな交流活動の可能性も拓かれてくる。「教室の文化」を活用した、創意工夫に満ちた授業創りを目指したいものである。

# Ⅲ－12

# 「情報を活用する読書」の二つの課題

## 学習者の実態把握の必要性

いまの子どもたちは本を読まなくなった、という声をよく耳にする。その原因がインターネットの普及にあるという考え方も、違和感なく受け入れられている。それは、だからこそ学校での読書指導をより充実させるべきだ、という言説につながるものである。しかしながら、「読書世論調査」や「学校読書調査」などの調査結果を見る限りにおいては、本を読む若い世代が増えていて、読書人口は年々増加傾向にある。反対に、本を読まないという傾向は減少している。子どもたちは決して読書から遠ざかってはいないという事実を、国語科の教師は確認しなければならないだろう。

いまひとつ調査結果から読み取れる事実として、ネット・ユーザーの読書に対する意識が高いということがある。この結果から、インターネットを読書離れの要因として決めつけることは困難になった。ネットから様々な情報を得ている子どもたちは、一方でまた本をも手にしているのである。

読書指導を考える前提として、まずは学習者の実態を的確に把握しなければならない。そのうえで、現実に即した効果的な読書指導を構想する必要がある。

## 読書の二つの目的

読書には、大きく分けて二つの目的がある。その一つは楽しみのための読書である。読書をすることは、本来楽しい行為である。一人ひとりの学習者が自らの手で読書の楽しさを発見するところに、読書指導の一つの目標がある。もちろんここで言う「楽しさ」とは、単に娯楽的な側面だけではなく、知識の獲得を通しての充実感なども含まれる。まずは、読書の楽しさを知るところから出発することになる。

読書の楽しさを知るためには、実際に本を読まなければならない。そこで読書のきっかけを作ることが重要になる。「朝の読書」は、読書の時間と場所を設定するところに一つの意味がある。毎朝一定の時間、学校で本を読む。たとえ短時間でも読書の時間を確保することによって、子どもたちに読書の習慣が自然と身に付くようになる。この読書習慣の確立という点を、国語科では特に重視しなければならない。

「朝の読書」の実践とともに、読書に親しむための様々な工夫が試みられてきた。学校に限定される取り組みではないが、ブックトーク、読書へのアニマシオン、リテラチャーサークル、ブッククラブなど、精力的な研究と実践が積み重ねられている。図書館を含めた様々な場所を活用して、読書に関する交流が展開され、子どもたちの読書生活を豊かにするための活動が推進されてきた。学校教育において、それは国語科という教科の中の活動にとどまることなく、広く学校全体での取り組みという形態で実施されてきたことになる。

ただし、単に楽しいだけの読書からもう一歩進めて、情報を獲得するための読書という側面にも目を向けなければならない。この側面に配慮した読書指導は、学校教育の中でより充実されるべきであろう。楽しみのための読書、そして情報獲得のための読書がともに相互に推進される必要がある。

## 情報を活用する読書の二つの課題

ここで、情報を活用する読書について考えてみたい。そこには、二つの課題が含まれている。その一つは、本に関する適切な情報を得て、いかに自身が必要とする本を探索するかということである。いま一つは、ある本を読んで得た情報を、いかに活用して問題解決に役立てるかということである。国語科担当者として、この二つの課題に対してしっかりと向き合うことにしたい。

前者の課題に対応する一つの方法は、交流活動である。すなわち、本に関する様々な情報を交流して、その交流の中から自分にとって必要な情報を取捨選択できるような配慮がほしい。

例えばネットショッピングで本を購入する際には、その本に関する書き込みが参考になる。読者からのコメントは、その本に関する生きた情報となって、購入するかどうかの貴重な判断材料になる。クラス単位でホームページを作成して、クラスのメンバーに限って書き込みができるようにすることができれば、本に関する情報をクラスで交流できるようになる。本に関する情報コーナーを設けておいて、推薦する本ができたメンバーは次々とコメントを書き込むようにする。教科担当教師もこのコミュニティに加わって、積極的にコメントを書いたり、推薦する本を付け加えたりする。こうして、情報は日々更新されて、読書に関わる充実したホームページになる可能性がある。

後者の課題に対応するための一つの方法として、ブッククラブを導入するのも効果的である。ある本をグループ単位で読んで、様々な観点から読みを広げたり、深めたりすることができる。さらにその本から得た情報を活用して、問題解決につなげることもできる。

情報を活用する読書の二つの課題に配慮して、新しい時代に即した効果的な読書指導を構想し、推進したいと思う。

## Ⅲ―13

# 古典の授業創りの工夫
## ――「伝統的な言語文化」を生かして

二〇〇八年版小・中学校、二〇〇九年版高等学校学習指導要領では、新たに「伝統的な言語文化と国語の特質に関する事項」が登場して、話題になった。二〇一一年度から小学校で実施されたわけだが、その小学校段階からさっそく日本の言語文化に親しませるために、古典が取り入れられたことになる。二〇一七、一八年版学習指導要領においても、〔知識及び技能〕の「我が国の言語文化に関する事項」に「伝統的な言語文化」が位置付けられている。そこで本節では、古典の授業創りについて考えてみたいと思う。

二〇〇八年版小学校の学習指導要領では低・中・高学年ごとに「伝統的な言語文化」の具体的な内容が示され、それに伴って新しい教科書が発行された。小学生の世代は概して古典に対する抵抗が少なく、学習指導要領に示された「音読や暗唱」を好むことから、まず小学校の段階で古典を好きな学習者を育てることが大切である。そのためには、国語科の担当者の授業創りにかける意欲が不可欠になる。特に「ことば」と「文化」にそれぞれ深く関わるような単元の編成を目指したい。

例えば、今でも用いられる干支の話題から、「正午」「午前」「午後」などのことばの意味を導き出すことができる。また「子どもの日」や「七夕祭り」などの年中行事の話題から、昔の五節句の話題へとつなぐこともできる。今と昔のことば、そして文化の関連性に気づくとき、子どもたちの興味・関心は大きく育てられるはずである。古典と現代の共通点や相違点を学びながら、古典の世界をより身近な問題としてとらえることができるように配慮したい。

小学校から古典の学びが始まることから、中学校や高等学校では学習者の古典への関心をさらに高めるような授業創りを目指す必要がある。ことばは文化と密接な関係があることを理解すると、学習者の中に伝統的な言語文化への関心が芽生えるはずである。昔は満足な照明がないことから、夕方になると傍にいるひとの様子が見えず「誰そ彼」と尋ねたことから、「たそがれ」ということばが生まれたことなど、ことばに対する興味を育むことが大切である。

『枕草子』の冒頭の「春は曙」から、「曙」の意味を調査し、同じ時間帯を表すことばを調べて、古語には夜明けと夕方の語彙が多いことを確認し、その理由を想像するとき、「通い婚」の時代の男女の関係を当てはめて、出会いと別れの時間帯を想像したりするのも、学習者の興味を育てるのに一役買うことができる。

小学校から古典の学習が始まると、中学校および高等学校でも、教師はまた新たな気持ちで指導に当たらなければならない。小学生のうちにある程度古典を学ぶことになるので、その成果を大切にしながら、中学校や高等学校の古典学習を展開する必要がある。

特に中学校では主題単元を編成し、例えば「戦争と人間」というテーマを掲げて、『平家物語』と近現代の戦争を題材にした小説や詩歌を扱うことがある。戦争という状況の中で生きる人間の生き方を、『平家物語』の中の「敦盛《あつもり》」や「扇の的」、さらに「木曽最期《きそのさいご》」などを通して学ぶことになるのであろう。

大切なことは、あまり「主題」のみにとらわれないことである。「戦争と人間」や「生と死と」のような主題を掲げて、その主題のみに学びを収斂させようとするあまり、古典の多様性を矮小化することには慎重でありたい。むしろ単元名を「『平家物語』を味わう」のように設定して、様々な観点から古典を読むという活動に重点を置きたいと思う。

例えば装束の描写に注目して、「よき敵《かたき》」と「合わぬ敵」という観点から読んでみるのも興味深いはずである。それが分かると、敦盛が熊谷次郎直実《くまがえのじろうなおざね》に組み伏せられたとき、名前を名乗らなかった理由も明らかになる。学習者は、『平家物語』の世界に一歩近づいた気持ちになれるはずである。

そもそもどの場面を切り取って教材とするのか、慎重に検討しなければならない。有名な「扇の的」も、那須与一《なすのよいち》が見事に扇の的を射るという場面のみを扱うのか、その後の「弓流し」の場面も入れるのかによって、作品の扱い方は異なる。教師の側に明確な指導の目標が自覚されていなければならない。「敦盛」も、直実が泣く泣く息子と同じ年齢の武者の首を取るという場面だけではなく、その後の笛の発見、そして直実の出家に関わる話題も、ぜひ中学校・高等学校の教材に含めたい。

　そしてもう一つ注意すべきは、古典の原文をどのように示すのかという点である。学習者の校種や学年によって、原文の提示方法が異なる。例えば原文の近くに部分的に現代語訳を挿入して、原文および注釈を含めた訳文を教材本文とするという方法が工夫できよう。古典の原文を示すことで、学習者が直接原文に触れることができるのは好ましい傾向である。まず音読・朗読から入ることが大切である。安易に現代語訳を載せてしまうと、学習者がその現代語訳に依拠しがちになってしまう。

　二〇〇八、〇九年版学習指導要領に「伝統的な言語文化」が取り入れられたことを、改めて認識しつつ、古典教育の復権を目指したい。そのためにはまず授業の担当者自身が、漢文も含めて、古典を深く学ばなければならない。特に古典の授業創りには、教師の真の力量が問われるからである。

# Ⅳ

# サブカルチャーで国語教育を楽しむ

## ―教材開発と授業開発の実際―

## Ⅳ－1

# サブカルチャーの教材化を求めて
## ――「境界線上の教材」の可能性を探る

### まず視点の転換から

学校教育とりわけ授業の問題を考えるに際してまず目を向けるべきは、授業の中の学びが学習者の日常から離れた場所で展開されていて、形骸化された「学びのための学び」に陥っているという問題である。学習者たちは授業に興味を示さず、授業中の学びが彼らの日常につながっていない。特に学習者の日常と不可分なことばの学びを担う国語科教育においては、教室の授業における学習者の学びが、彼らの言語生活の向上に直結するような工夫が求められる。

学習者のいる場所と教室での学びを結ぶための発想は、まず形骸化されたものの見方から自由になるところから出発する。例えば授業中にマンガを読んでいる学習者を発見すると、多くの指導者は直ちに注意を与え、マンガを没収するだろう。それはもちろん教育の現場では自然な指導法である。ただし少し立ち止まって考えてみたい。その学習者は、どうして授業中であるにもかかわらずマンガを読んでいたのであろうか。残念なことに、授業で取り上げられている素材よりも、マンガの方が学習者の内なる興味・関心を喚起したことは事実なのである。それは何故なのか。マンガのどこに彼らを惹きつける要素があるのだろうか。その本質を解明することによって、教材の新たな可能性を見出すことができるのではあるまいか。

まず提案したいのは、視点を変えるということである。『「学び」から逃走する子どもたち』（岩波書店、二〇〇〇）で佐藤学が学習者の「『学び』からの逃走」を話題にしたのは、二〇世紀末のことであった。それからはや二〇年近く経過した二〇二〇年現在、「逃走」した学習者を強制的に「学び」へと連れ戻すのは決して容易なことではない。例えば授業時間数および教育内容を増やすことによって問題が解決するとは思えない。むしろ、学習者がいったいどこに逃走したのかを的確に把握して、逃走した学習者がいる場所に新たな学びを立ち上げることを考える必要がある。

学習者が逃走した場所には、先に言及したマンガを含むサブカルチャーの世界がある。それは学校の中では文字通り「サブ」としての位置付けであり、「メイン」として位置付けられた学びの文化に馴染むものではなかった。教育関係の研究論文や実践報告の中には、現代社会の問題に関連させながら子どもたちの現状を批判的にとらえるところから出発する言説が多い。本節では視点を変えて問題をとらえつつ、サブカルチャーの積極的な教材価値を見出すことにする。

## 子どもたちの文化の中へ

マンガ、アニメーション、音楽、映画、ゲーム、ＳＮＳなどサブカルチャーと称されるものは、子どもたちを教育とは異質の方向へ導くメディアとして、学校教育の場所では歓迎されていない。マンガを学校に持って来ないように指導する。その理由は、学校生活に関係がないからということである。マンガのほかにも、ヘッドホンステレオやコンパクトなゲーム機、さらにスマートフォンは、子どもたちの必需品とも言えるアイテムだが、多くの場合学校への持ち込みは禁止されている。にもかかわらず、子どもたちは学校を出ると直ぐ鞄の奥からマンガやスマートフォンを取り出して、再びそれぞれの「日常」を生きているのが現実である。

指導者はとかく、学校という制度の中の論理で物事を把握しようとする。この論理は一般社会の論理やルールと必ずしも合致するものではない。学校が面白くないという子どもたちの声の淵源には、彼らの生活する場所と学校との乖離という問題が少なからず存在する。

教材のパラダイム転換によって、マンガを読むという行為の中にことばの学びの機能を組み込むことを工夫したらどうだろうか。指導者が学校という制度の中に学習者を引き込むのではなく、彼らの文化の中に進んで入って行くことによって、新たな可能性が見えてくる。パターン化された考え方の枠組みを解体して、学習者のいる「いま、ここ」を照射しつつ、新たな価値判断の基準を確立する必要がある。

マンガは国語の教科書に掲載され、マンガを用いた授業の実践報告も出ている。ただしその多くは、あくまでも補助的な教材として用いられているにすぎない。本格的なストーリーマンガを教材化して主教材として位置付け、それを読むという活動を国語教育の実践論文として発表したものは、管見によれば決して多くはない。そこには、マンガで国語の学力が育つのかという決定的な疑念が付きまとう。そもそもマンガを教材とした国語の授業など成立しないとする立場からは、一笑に付されることになりかねない。マンガを一つの具体例として述べてきたが、その他のサブカルチャーに関してもまったく同様の状況である。これらの多くは学校から排斥されるか、もしくはかなり控え目に取り入れられている。ただし、日常生活の中で、子どもたちはごく自然にこれらのメディアに親しんでいる。また様々な形で影響を受けてもいる。

わたくしはこれまで、一貫してこれらの素材の教材化を試み、それを用いた試験的な実践を続けてきた。これまでの実践の結果からは、「境界線上の教材」として教材として成立するぎりぎりの「境界線上」に位置付けたものは、すべて「教材」の範疇に含めて扱うことができたことになる。教材に対して、常に新しい場所から光を当てる必要がある。

## マンガの扱い方

以下に一つの具体例として、マンガの教材開発および授業開発を取り上げてみたい。教材として取り上げる際に考えられる扱い方は、以下の二つの方向である。

① マンガを「補助教材（副教材）」として使用する。
② マンガを「主教材（本教材）」として使用する。

前者には多くの先行実践がある。古文の授業で『源氏物語』を扱う際に大和和紀の『あさきゆめみし』を参考にして、物語の展開や作品の背景を理解させるというものである。主教材は『源氏物語』で、その理解を促すための補助教材として『あさきゆめみし』というマンガが取り上げられることになる。この方向はすでに広く実践されている。

今後特に注目したいのは第二の方向、すなわちマンガを主教材として位置付けることである。かつて大村はまが「いきいきと話す」という単元で、根本進の四コママンガ『クリちゃん』を教材としたのはあまりにも有名である。そして二〇一三年の時点では、小・中・高の現場で使用されている国語科教科書の中で、マンガを主教材として使用した活動が取り上げられている。

ある社の中学校一年の教科書に、植田まさしの『コボちゃん』が採録されていた。「梅雨時の動物」という見出しがついたマンガで、教科書には「この話のおもしろさを、せりふとト書きに着目して説明してみよう」という学習課題が設けられている。

またある社の「国語総合」の教科書には、いしいひさいちの『ののちゃん』という四コママンガが教材として採録されていた。AとBの二編のマンガが紹介されたうえで、「学習の手引き」には例えば次のような課題が用意されている。

「ののちゃん」はどんな子どもだろう。A・B二つのマンガの内容を根拠に、簡潔に説明してみよう。

このような教科書の課題を参考にして、今後マンガの教材としての活用をさらに工夫してみたい。ただし、これまでに国語科で模索してきたマンガの扱い方を見ると、そのほとんどがマンガを補助的な教材として用いたものであり、また四コママンガを教材化した実践が多いことに気づく。いわゆる主教材としてマンガを活用した実践、そして本格的なストーリーマンガを教材とした実践はきわめて少ない。

そこで今後の課題として、主教材として「非連続型テキスト」を効果的に扱うことを掲げたい。国語に対する学習者の興味・関心を喚起するために、これから積極的に教材・授業開発を推進する必要がある。

## アニメーションの教材化と授業構想

ここで、サブカルチャーの教材化の具体例として、アニメーションを取り上げてみたい。できる限り学習者に馴染みがある作品を選ぶことにする。あるアニメーションの中の一つのシーンを紹介したうえで、次のような学習活動を展開する。

### ① 映像を見ながら、思い浮かべたことばをメモする

アニメーションの映像を見ながら、思い浮かべたことばを自由にメモする。メモすることばは、実際に映像の中に登場する対象を表すことばと、映像から連想したことばとを、それぞれ記入するように指導する。「単語」の形で、可能な限り多くメモさせる。まず数名の学習者にメモしたことばを発表させる。メモが十分にできなかった学習者は、発表を聞いてことばを補足する。

### ② メモしたことばを用いて、意味の通る文章にする

実際に映像の中に登場したことばと、映像から連想したことばとをそれぞれ用いて、できれば詩のようなリズムのあることばで書くように指導する。アニメーションの映像のイメージを踏まえて、自由に創作する。

③　メモしたことばを参照しながら、ことばをつなげて意味のある文にする

前の段階で書いたことばをもとにして、詩の形式で生き生きと表現させる。机間支援をしながら彼らのメモを参照しつつ、適宜声をかけて簡単なアドバイスをする。

④　アニメーションの挿入歌をBGMとして流しつつ、創作した詩を朗読してクラス全員に紹介する

詩の形式で書くことができた学習者を数名指名して、発表を依頼する。あらかじめ指名しておくと、円滑に朗読が展開する。ＢＧＭの音色に合わせて、ゆっくりと大きな声で読むように指示する。

⑤　発表された詩をめぐって、自由に話し合いをする

詩の朗読を聞いた学習者に、感想を発表させる。それを参考にしながら、それぞれ感想をまとめる。

例えば以上のような指導過程を辿ることによって、アニメーションを教材とした言語活動を展開することができる。

## 「境界線上の教材」の教材価値

「素材」が「教材」になるための主要な条件として、国語科の学びに直結することが求められる。その教材を用いることによって、価値あることばの学びが成立すること、それが教材の必要条件となる。では、サブカルチャーによる「境界線上の教材」には、どのような教材価値を見出すことができるのであろうか。

学習者の身近な場所にあるということは、彼らにとって親しみやすいもの、そして興味・関心を喚起できるものとしてとらえられる。それは、国語学習への入り口であると同時に、国語科の学習そのものでもある。授業の中で喚起された興味・関心は、そのまま学習者が生きる日常の中に生かすことができる。すなわち、学習者の興味・関心の喚起という点が、サブカルチャーの第一の教材価値ということになる。

続けて第二の価値として考えるべきは、言語教材という枠を超えて、多様なメディアを国語科の教材として位置付けることである。国語科の教材というと、言語を主体とした素材が想起される。特に「読むこと」の教材の大半は言語による教材であった。しかしながら二〇一八年に告示された高等学校の学習指導要領において、次のような言語活動例が示されたことの意味は大きい。

演劇や映画の作品と基になった作品とを比較して、批評文や紹介文などをまとめる活動。

これは「文学国語」の「読むこと」の言語活動例であるが、「国語表現」の「書くこと」の領域においても、次のような言語活動例がある。

文章と図表や画像などを関係付けながら、企画書や報告書などを作成する活動。

ここで「画像」が言語活動の対象として位置付けられたことに注目したい。それは「文学国語」の教材選定の観点に「演劇や映画の作品（中略）などを用いることができる」という文言が入れられたことにも関わることである。「画像」および「映画」が、国語科の学習指導要領に取り入れられたことは、教材のカテゴリーが拡張されたものとしてとらえることもできよう。そこに重要な教材としての価値を認めることができる。もちろん、国語教育という教科の枠を逸脱することなく、ことばに関わる活動を常に意識した開発が求められることもまた重要である。

そして第三の価値として指摘できるのは、国語教育の「不易流行」を考えるに際して、常に「流行」の部分を担うという点である。教材開発には「不易」と「流行」それぞれに対する目配りが必要であるが、サブカルチャー教材は「流行」の側面に深く関わるものになる。常に学習者が生きる「いま、ここ」に焦点を当てて、時代の最先端を確かな視点でとらえることができる力量が、教材開発をする側に求められることになる。そのためには時代の感触を鋭く把握し、子どもたちの現実としっかり対峙するという姿勢が不可欠となる。「不易」に対して「流行」の価値が低く評価されがちな風潮の中で、改めて「不易」の要素と同様の価値を有する場所に「流行」を位置付けることも、サブカルチャー教材の価値と言えよう。

第四の価値は、学習者中心の考え方である。繰り返し述べるように、子どもたちのいる「いま、ここ」を的確にとらえたうえで、彼らの現実を尊重し、その現実に即した教材開発を常に心がけなければならない。その際に最大の課題となるのは、教材を通してどのような国語科の学力が育成されるのかという点を明確にすることである。この課題に対しては、単に教材開発の問題に止まらず、いかにその教材を扱った授業を展開するか、という問題に関わってくる。教材とは決してそれだけで独立したものではなく、常に授業と一体となって機能するべきものだからである。

## サブカルチャー教材開発の課題

サブカルチャーは時代を超えて若い世代の学習者が関心を持って接した素材である。サブカルチャー教材は、今後も根強く子どもたちからの支持を集めることができると思われる。特に情報化が著しく進展して、インターネットが飛躍的に普及したことは、教育の分野にも大きな影響をもたらすようになった。無数の映像や音楽が絶え間なく発信される現在、効果的な教材を発掘するのは容易なことではない。国語科の教師は常に視野を広く、アンテナを高くして、日ごろから教材開発に向けての努力を積み重ねる姿勢を持つ必要がある。

学校のＩＣＴ環境が整備されつつある。この教室のハード面の環境整備は、今後の教材開発の幅をさらに広げることになる。サブカルチャー教材には、それを提示できる機材が必要であった。今後さらにＩＣＴ環境の整備が推進され、多くのサブカルチャー教材が登場することは想像に難くない。

しかしながら、安易な教材化は当然のことながら避けるべきである。学習者の現実に即して教材を発掘する際に、それが「教材」として成立するかどうかという見極めの規準を設ける必要がある。教室環境の整備によって、安易な教材開発につながる危惧もある。今後の課題は、教科書編集の過程を一つのモデルとして、サブカルチャーの教材化を厳正に進めることである。

最後に、サブカルチャーの教材化に際しては、著作権の問題に対して適切な配慮が必要であることも付記しなければならない。

# Ⅳ－2

# 大学院生と追究する国語科の教材開発
## ――サブカルチャー教材の可能性を求めて

### 「楽しく、力のつく」教材開発のために

効果的な授業を構想するために、国語科では特にどのような教材を用いるのかという基本的な課題がきわめて重要である。学習者の興味・関心が喚起され、なおかつ国語科の学力育成に資するような教材の開発が求められている。接する段階で学習者の意識が教材と向き合うことができないと、指導法を工夫しても授業が成立しない場合がある。学習者にとって魅力ある教材を発掘してそれを効果的に扱うことは、価値ある授業の創造に直結する。教科書に収録された教材を参照しつつも、教科書教材のみに依拠することなく、常に新しい教材の開発に取り組むようにしたい。担当する教育現場の実態に即して、指導者自身の手で有効な教材を探索するという努力は不可欠である。

価値ある教材開発のために、指導者には日ごろから多様な分野に関心を寄せつつ視野を広げて、教材になり得るような素材を探索する努力が求められる。教材開発に際しての第一の条件は、学

習者の興味・関心を十分に喚起できるという点である。そして当然のことながら、その教材を扱うことによって国語科の学力が育成されるという点にも十分に配慮しなければならない。学習者の興味・関心の喚起を目指すためには、教材を開発する指導者の側で、学習者が関心を有する分野についての理解を深める必要がある。

わたくしはこれまでに、拙著『国語科の教材・授業開発論―魅力ある言語活動のイノベーション』(東洋館出版社、二〇〇九)、および『「サブカル×国語」で読解力を育む』(岩波書店、二〇一五)その他にまとめた拙論において「サブカルチャー」として括られることが多い素材に目を向け、国語科の教材として成立するぎりぎりの「境界線上」に位置付ける提案を続けてきた。それらの「境界線上の教材」は、小学校から高等学校に至る校種の多くの学習者が共通して関心を寄せる分野の素材にほかならない。教材として成立する「境界線上」に存在することから、扱い方によっては単なる興味本位にすぎないものになってしまう。扱う際にきめ細かい配慮をすることによって、「素材」を確実に「教材」へと接近させる必要がある。

学習者の興味・関心の所在を探るために、彼らに近い世代からの協力が得られればさらに効果的な教材開発が実現する。わたくしが担当する大学院および学部の授業では、サブカルチャーの教材化を含めた「境界線上の教材」に着目して、受講者に魅力溢れる国語科の教材を探索するという課題を課している。その授業の一つの成果として、これまでに拙稿「大学院生と考える国語科教育の可能性―教材開発と授業開発のために」(『解釈』二〇一一・六)、および「大学生と考える『国語表現』の教材開発」(『学術研究　人文科学・社会科学編』二〇一八・三)において、大学院生および学部学生が開発した国語科の教材を紹介してきた。本節ではこれに続いて、学習者の興味・関心を喚起しつつも国語科の学力育成に資するような新しい教材の開発を、大学院生とともに試みた結果を具体的に紹介することにする。

## 大学院の「国語科教育特論」について

わたくしは早稲田大学大学院教育学研究科において、二〇〇二年度から継続して「国語科教育特論」と称する科目を担当している。二〇二〇年現在のカリキュラムでは、「国語科教育特論3」と「国語科教育特論4」のそれぞれ半期科目の担当である。これらの科目において、国語科の教材開発および授業開発に関する様々な考え方を紹介しながら、履修した大学院生とともに「境界線上の教材」の可能性を模索してきた。春学期設置の「国語科教育特論3」では主に教材開発をテーマとして、また秋学期設置の「国語科教育特論4」は主に授業開発をテーマとして掲げている。両者は独立した科目ではあるが、「3」と「4」をそれぞれ履修して通年の科目として位置付けることをシラバスにおいて推奨している。科目の履修者は毎年度一五名前後であるが、国語教育の研究室に所属する大学院生だけでなく、日本語学および日本文学、そして中国文学の研究室に所属する受講者が多いのが特色である。

日本語学や日本文学、中国文学などの国語科の教科内容を研究テーマとする受講者が含まれることから、多様な分野からの教材開発が期待できる。さらに、現職の国語科教員や非常勤講師として学校に勤務する大学院生も受講しているため、教育現場の実態を勘案しつつ、提案された教材や授業の構想が果たして教室で実際に活用することができるのかどうかという問題を、現職教員の視点も含めて検証することができる。本節では、特に教材開発を研究テーマとした「国語科教育特論3」の授業に即して言及することにしたい。

「国語科教育特論3」の授業は、まず担当者からの話題提供から出発する。国語教育に関わる比較的新しい話題を取り上げて、先行研究の紹介を含めて様々な情報提供をしたうえで、その話題に関するディスカッションを展開することになる。取り上げるテーマは多岐にわたるが、教材開発に関する問題を中心に扱っている。授業では、教科書編集や教科書の検定および採択の制度などに関わる話題を提起して、自主教材開拓の必要性に着目する。さらに学習指導要領や、教材開発に関わる先行研究を紹介することになる。

授業で取り上げたいくつかのテーマと、それに対する担当者からの問題提起を踏まえて、授業の後半では個々の受講者に、自らの関心に即して発掘した教材とその教材を用いた授業構想の提案を依頼する。一時間につき一名もしくは二名の受講者が提案を担当して、引き続きその提案をめぐっての意見交換を実施したうえで、提案された素材の教材としての可能性を検証することにしている。

提案者には、まずその提案で使用する教材に関わる理論的な位置付けを各種の先行研究を用いて試みつつ、発掘した教材とそれを用いた授業の具体的な提案を依頼した。なお授業の対象とする校種や学年は、小学校から高等学校に至るすべての学年の中から発表者の判断に即して設定することにした。

国語科の教材開発に関わる大学院生からの提案には新しい素材が意欲的に取り入れられて、受講者の関心を得るものになった。研究協議を展開することによって、個々の提案者の関心の所在を知ることができると同時に、実際の教材開発および授業開発に直接生かし得る着想を学ぶことができた。そこで、以下に二〇一六年度、二〇一七年度、そして二〇一八年度の三年間に「国語科教育特論3」を履修した大学院生が提案した具体的な教材の案を紹介して、国語科における教材開発の可能性を探ることにしたい。

本節で取り上げる三年間の授業はほぼ同様の内容で展開しているが、以下に参考として二〇一八年度の「国語科教育特論3」のシラバスに掲げた授業の概要を引用する。

国語科教育の課題として、学習者にとって「楽しく、力のつく」授業をどのように創造するか、という問いが挙げられる。その問いの追究を基本とした授業を展開する。なおこの授業は「国語科教育特論4」に関連するので、原則として秋学期には続けて「国語科教育特論4」を履修していただきたい。

学習者が日ごろから好んで接するマンガ、アニメーション、映画、音楽、テレビゲーム、お笑い、ＳＮＳなどのサブカルチャーに属する多様なメディアに目を向けて、国語科の教材として成立する境界線上に位置付けたものを「境界線上の教材」という用語で把握しつつ、具体的な教材開発の可能性を探ってみたい。学習者の興味・関心を喚起しつつ、国語科の学力育成に資するために、どのような教材を開発したらよいのかを検討してみたい。効果的な国語科の教材を開発することが、本特論における研究の目指すところとなる。

教材開発とともに授業開発の問題も重要だが、特に「国語科教育特論３」では教材開発の問題を中心に研究を展開する予定である。

教育学研究科の大きな特徴として、教育学と内容学との効果的な連携という要素がある。本特論の履修者は国語科教育学および国語科内容学を専攻していることから、授業中の積極的な交流を通して相互に様々な成果が得られるように心がけたい。

授業中に国語教育関連学会・研究会の案内をするので、積極的に参加していただきたい。

二〇一六年度および二〇一七年度のシラバスとも、この内容にほぼ準拠したものになっている。以下の節で紹介するのは、半期の「国語科教育特論３」の後半の授業で、受講者の大学院生から提案された国語科の教材および授業の概要である。

## 二〇一六年度に提案された教材開発の実例

二〇一六年度の履修者から提案されたテーマおよび主な教材は、以下の通りである。①、②の番号は授業で紹介された順序に従って便宜的に付したものであり、まず「A」に提案のテーマを掲げてから、「B」にその中で提案された主な教材についての概要を紹介する。複数の教材が提案された場合には、その中の主要なもののみを掲げることにする。なお教材の後にカッコ（《　》）を付して記したのは、その教材のジャンルである。主な教材が複数提案された場合には、それぞれのジャンルを記すことにした。小説や評論、解説などの教材は「文章」、古典文学に関する教材は「古典」として括ることにする。また、クイズを含めてゲーム性のあるものは「ゲーム」に分類した。続けて、「C」でどのような授業が提案されたかということを簡潔に紹介する。なお、教材開発の対象となった校種と学年に関しての紹介は割愛した。

まず二〇一六年度の受講者が開発した教材について紹介する。なおこの年度の受講者数は一五名であった。受講者の学年は修士課程一年が中心で、中国からの留学生が二名受講していた。

① A：「出会い」から考える―言語化活動・創作活動を通した授業実践
B：新海誠監督のアニメーション「秒速5センチメートル」、村上春樹「4月のある晴れた朝に100パ

ーセントの女の子と出会うことについて」《アニメーション》《文章》

C：新海誠のアニメーションを鑑賞して疑問点を明らかにし、その疑問点に即して映像が出発点もしくは結末となるように、二人の男女を中心とした物語を創作する。村上春樹の作品に関しても疑問点を抽出かつ共有して、それに応える形で二人の男女を中心とした物語を創作する。新海と村上の関連に関しても取り扱う。

② A：古典に親しむための授業構想―マンガ『ちはやふる』を用いて

B：末次由紀『ちはやふる』、小倉百人一首《マンガ》《古典》

C：『ちはやふる』の登場人物に関するエピソードを読んだ後で、各人物の性格や考え方をまとめて共有したうえで、もとになった和歌を読む。グループに分かれて共有した特徴と、もとになった和歌とを読み比べて、共通点を指摘する。その活動を踏まえて、和歌が人物の魅力を高めるためにどのように活かされているのかをまとめて発表する。

③ A：想像と創造

B：堂本剛『瞬き』の歌詞とプロモーション・ビデオ《歌詞》《映像》

C：「瞬き」の歌詞を読んで、散見される曖昧な表現について考察し分析する。続いてプロモーション・ビデオを視聴し、映像を言語化し、台本を作成する。

④ A：「笑い」と国語教育―「写真で一言」を用いた授業構想

B：「ボケて（bokete）」「IPPON グランプリ」《写真》

C：四枚の写真・絵を用いた資料を提示して、その写真・絵に何が描かれているのか、情報を読み取って整理する。四枚から一枚を選択して、それがどのような笑いを意図したものかを考えて整理し、発表する。他のメンバーの意見を聞いて、最も興味深かったものを選ぶ。

⑤ A：「読者」指導の試み―Twitter を視座にして

B：投稿型SNS（主にTwitter）《SNS》
C：グループに分かれて、各グループに古今東西の著名人や学校の教員など、クラス全員がイメージできる人物を相当させ、その人物を知るうえで重要な単語をいくつか挙げる。それを参考にして、その人物になり変わって一四〇字以内のツイートを作成する。他のグループのメンバーは、ツイートの内容から人物名を想像する。

⑥
A：古典を実感する・「女性仮託日記」を素材に
B：紀貫之「土佐日記」、太宰治「女生徒」、バカリズム「架空OL日記」《古典》《文章》
C：「土佐日記」の「門出」と「帰京」を読んでから、「女生徒」と「架空OL日記」の一部抜粋を紹介して、これらの作品が「女性仮託日記」であることに注目し、どのような工夫が見られるのかを考える。

⑦
A：絵本の可能性を探る―『君のいる場所』を用いて
B：ジミー〈幾米〉／宝迫典子訳『Separate Ways 君のいる場所』《絵本》
C：『君のいる場所』に、「彼」と「彼女」のすれ違いから出会いへ導くようなキャラクターを創作して、脚本を作って発表する。

⑧
A：アニメを再構成する―国語教育の複合的な学びの可能性
B：オットマー・グットマンのアニメーション『ピングー（PINGU）』《アニメーション》
C：『ピングー』を視聴し、「ピングー語」を翻訳した台本を作成し、その台本をもとにアフレコを実施する。

⑨
A：中国のショートアニメーションから生まれる短編物語の授業構想
B：Hansのアニメーション『阿狸（アーリー）』《アニメーション》
C：アニメーションを鑑賞してから、この作品をどのように読んだのかという話題についてグループで話し合いをする。それを踏まえて再度アニメーションを鑑賞して、物語に書き換える。

⑩ A：『徒然草』を現代に引きつける

B：『徒然草』、西川祐信『絵本徒然草』、Twitter《古典》《マンガ》

C：『徒然草』の「あだし野の露」の段を穴埋め形式で現代語訳して、その内容をツイッターの形式でつぶやく。そのうえで『絵本徒然草』の本文と比較し、両者の相違点を指摘する。

⑪ A：学校行事の教材価値―ホール・ランゲージの考え方と学習科学の知見に基づいて

B：学校行事《学校行事》

C：運動会の前に「ブログ、担任への手紙、クラスメートへの作文」の三種の課題を提示し、運動会終了後に三種の中の一課題に取り組む。指導者からのフィードバッグを経て書き改め、再度提出する。本の目次を参考にして効果的な目次を考え、運動会の文集を作成する。

⑫ A：替え歌・アンサーソングを用いた創作活動―表現技法の学習と、その他の学習内容の架け橋として

B：HoneyWorks「告白予行練習」・「告白予行練習―another story」の歌詞とプロモーションビデオ《歌詞》《映像》

C：「告白予行練習」の男性視点の歌詞を参照して、映像を鑑賞する。アンサーソングとして、女性視点の歌詞の資料との読み比べを実施する。

⑬ A：教材開発　部首カルタの可能性

B：部首カルタ《ゲーム》

C：「部首カルタ」とは、読み札に「絵と唱えことば」、取り札に「楷書の部首と古代文字」が書かれたものであるが、これを用いて初めは遊びとして漢字の成り立ちや構成要素を意識・理解させ、少しずつ構成要素から漢字を作成するというプロセスを体験させる。

⑭ A：古文の文法指導における「境界線上の教材」利用

B：「たまたまぐでたまんが」「ちびまる子ちゃん」「スラムダンク」「BLEACH」などのマンガ《マンガ》
C：グループを編成して、各グループに一ページずつ配布されたマンガの吹き出しのせりふを古語に書き換える。

⑮ A：小学校におけるマンガを用いた漢文の導入学習
B：『マンガ特別版　中国の思想大全』《マンガ》
C：教材のマンガを読んで感想を交流し、マンガから想像したことを詩・短歌・俳句・小説などの形式で表現し、共有する。このマンガがもとは漢詩であったことを紹介して、漢詩を読む。

## 二〇一七年度に提案された教材開発の実例

続いて二〇一七年度の「国語科教育特論3」の受講者から提案された内容の概要を紹介する。この年度の受講者数は一九名であった。学年は修士課程一年で、中国からの留学生が一名受講していた。なお紹介の方法に関しては、前の節と同様である。

① A：言葉のイメージの変化を考えよう―レーモン・クノー『文体演習』を用いた書き換え学習の提案
B：レーモン・クノー『文体演習』、夏目漱石「吾輩は猫である」《文章》
C：レーモン・クノー『文体演習』を参考にして、夏目漱石「吾輩は猫である」の冒頭の場面を、一人称の表現を変えるなどして書き換えをして、表現の多様性を味わう。

②
A：『枕草子』をTwitterに―要点把握力と表現力向上のために
B：『枕草子』、小迎裕美子『本日もいとをかし‼枕草子』《古典》《マンガ》
C：『枕草子』の読みの学習を経て、小迎裕美子の四コママンガを参考にして、グループごとに分担した章段のツイートを作成する。グループごとに発表して、意見交流をする。

③
A：「LINEスタンプ」の教材化―自ら進んで「書く」教材の開発
B：LINEスタンプ《絵》
C：LINEのスタンプを提示してその意味を考える。その中から一つを選択し、どのような場面で送るのかを考える。また4枚のスタンプを見て、伝えたいことを想像して文章にまとめる。

④
A：星野源「恋」で詩の分析手法を学ぶ
B：星野源「恋」の歌詞《歌詞》
C：「恋」の曲を聴き、歌詞を読んで、使用された表現技法について考える。それを踏まえて、歌詞をどのように読むことができるのかを検討する。

⑤
A：〝文学〟の取り扱い説明書―用法・用量を守って（正しく）お読みください
B：複数の「説明書」《文章》
C：複数の説明書を読んで、その特徴を把握する。それを参考にして、推薦したい本についての説明書を作成する。完成した説明書をグループ内で発表し、相互評価を実施する。

⑥
A：映画の教材化―表情に着目した「書くこと」の授業
B：「ALWAYS 続・三丁目の夕日」《映像》
C：音声を消去した映画「ALWAYS 続・三丁目の夕日」の一場面を鑑賞する。映像から読み取った情報をもとにして文章でまとめる。最後に音声を入れた映像を鑑賞して、感想をまとめる。

⑦
A：作者の意図を正しく読み取るために―「ナマ足魅惑のマーメイド」とは何か

B：「HOT LIMIT」のオリジナルと「MITSUYA-MIX」の歌詞《歌詞》
C：曲のタイトルから想像できるものを挙げる。続いて歌詞をすべて読んでから再度タイトルの意味を考える。続いて、この歌詞の意味が理解できるためにどのような方法で調査すればよいのかを検討する。その方法をもとにして、グループで分担して調査した内容を発表する。

⑧

A：アニメーション映画を用いた授業構想―情景から読み取る心情
B：新海誠「言の葉の庭」《アニメーション》
C：アニメーションを鑑賞して、印象的な場面や映像表現について考える。前半と後半とに分けて、登場人物の心情の変化を整理する。最後にその後の二人の人物の進む道について言及する作文をまとめる。

⑨

A：詳細な情報を聞き取ろう―テレビのテロップと音声との比較を通して
B：ニュース動画のテロップ《映像》
C：村上春樹とノーベル文学賞に関するニュースを、音声をもとにテロップにはない箇所に空欄を設けて作成した文章について、映像なしに音声のみを聴いて空欄を補充する。その作業を通してテロップには書かれない情報があることに気づく。

⑩

A：書くことの教育―「場面設定辞典」を作ろう！
B：アンジェラ・アッカーマン他『場面設定類語辞典』《文章》
C：『場面設定類語辞典』を参考にワークシートを作成し、例えば「体育館」で「見えるもの」「聞こえるもの」などを記入する。それを参考にして文章をまとめる。

⑪

A：「アイドルマスター SideM」を用いた創作授業の提案
B：ゲーム「アイドルマスター SideM」《ゲーム》
C：「アイドルマスター SideM」について、担当するアイドルを決めてキャッチコピーを創作し、企画書を作成する。

⑫
A：奥華子『ガーネット』の教材化提案
B：教科書教材「オムライス」「シリウス」「シジミ」、奥華子『ガーネット』《文章》《歌詞》
C：教科書教材「オムライス」「シリウス」「シジミ」の学習をもとにして、奥華子作詞の『ガーネット』について、比喩表現や歌詞から連想するイメージをワークシートに整理する。

⑬
A：伝え合う力を高める授業の構想―YouTubeを用いた「本の紹介」
B：YouTube（YouTuber）、教師編集の動画《映像》
C：ユーチューブの動画を見比べて、説明の仕方や話の構成方法などについて学ぶ。それを参考にして、自分の紹介したい本について原稿をまとめたうえで、動画を撮影して紹介の映像を作成し、鑑賞会を実施する。

⑭
A：中国の小学校国語の詩の授業について
B：李白「黄鶴楼送孟浩然之広陵」《古典》
C：「黄鶴楼送孟浩然之広陵」の漢詩について、いくつかの問いを設定し、グループで問いを分担して話し合う。アニメーションを鑑賞したうえで、その答えを確認する。漢詩を朗誦した後で、漢詩に基づいて作られた歌である「烟花三月」を聴いて、漢詩に親しむ。

⑮
A：フィクションのリアルを学ぶ―マンガの表現と現代社会の様相
B：藤子・F・不二雄「コラージュ・カメラ」《マンガ》
C：マンガ「コラージュ・カメラ」を読んで、現代社会の中で写真がどのような場面にあるか、どのように機能しているかを考え、説明文にまとめる。

⑯
A：ピングーを用いた読む力・書く力の育成―アニメーションを用いた授業の構成について
B：アニメーション『ピングー』《アニメーション》

C：アニメーション『ピングー』を鑑賞して、行動や表情からピングーたちの心情を読み取ったうえで、台詞を考える。

⑰ A：ことばに対する「態度」を育てる授業

B：パウル・クレーの抽象絵画、安東次男の現代詩《絵》《文章》

C：抽象絵画を鑑賞して、感想を話し合う。続いて現代詩の前衛的な作品を読んで、感想を交流する。そのうえで、文章を分解して配置してみる。

⑱ A：伝える力を育てる創作授業の提案—I love you を言ってみよう

B：望月竜馬『I LOVE YOU の訳し方』《文章》

C：著名人の愛の表現を読んで感想を話し合う。それを参考に、「情熱的」「感傷的」「個性的」などのテーマを選んで自分なりの「I Love You」の表現を創作し、グループで評価してテーマごとのベストを選ぶ。

⑲ A：『あさきゆめみし』の教材化—副教材からの脱却

B：大和和紀『あさきゆめみし』、『源氏物語』の「若紫」《マンガ》《古典》

C：『源氏物語』の「若紫」と『あさきゆめみし』の同じ場面を読み比べて、話の内容の相違を考え、何故改変がなされたのかを想像する。

## 二〇一八年度に提案された教材開発の実例

続いて、二〇一八年度の「国語科教育特論3」の受講者から提案された内容の概要を紹介する。この年度の受講者数は一三名で、学年は修士課程一年であった。紹介の方法は前の節と同様である。

①
A：境界線上?の教材開発
B：ひとしずくP、やま△作詞「海賊Fの肖像」「魔法の鏡」の歌詞《歌詞》
C：歌詞を読んで、ミュージック・ビデオで音楽を聴いて、歌詞の内容に関するいくつかの課題について考える。

②
A：歌詞をモチーフにして物語を創作する授業─いきものがかり「YELL」を教材として
B：いきものがかり「YELL」の歌詞《歌詞》
C：いきものがかり「YELL」の曲を聴いてから、歌詞を読んで読み取れたことをまとめる。イメージを膨らませたい人物や場面について、描写を工夫して物語を書く。

③
A：写真→俳句
B：発表者（指導者）が身近な素材を撮影した六枚の写真《写真》
C：指導者が提示した写真から一枚を選択して、その写真をもとにした俳句を創作し、句会を実施する。

④
A：ラブレターを書こう─文豪の手紙に学ぶ
B：芥川龍之介、有島武郎、宮沢賢治の手紙《文章》
C：文豪の描いた手紙を読んで表現の特徴を把握する。自身にとって大切な存在に対してラブレターを書く。指導者は全員に「返信」という形式でコメントする。

⑤
A：表現の「当たり前」を疑おう─言葉の商品化ポスターを作る
B：和田誠『ことばのこばこ』、クラフトエヴィング商會『ないもの、あります』、JRおよび製菓会社の広告のキャッチコピー。《文章》《CM》
C：『ことばのこばこ』、『ないもの、あります』、広告のキャッチコピーの表現を読んでどのような点が面白いのかを考える。それを参考に「言葉の商品化」を企画し、キャッチコピーを考える。

⑥

A：日本昔話に学ぶ神話世界

B：『古事記』に話の類型が見られる「浦島太郎」「ヤマタノオロチ」「因幡の素兎」「鶴の恩返し」の昔話《古典》

C：昔話を古語で読んで内容を把握し、話の類型となる海外の説話を紹介して相違点を確認する。

⑦

A：物語リレー

B：「起承転結カード」《ゲーム》

C：物語の起承転結が分かるように示されたカードを作成して、グループ内でそのカードを用いて物語を創作し、グループごとに作成した物語を発表する。

⑧

A：身近な童話から古典世界の扉をひらく―古今東西「シンデレラ」の比較、現代風シンデレラを書いてみよう

B：『落窪物語』（マンガ）『灰かぶり』『シンデレラ』《マンガ》《文章》

C：それぞれの物語を読んで物語の展開を確認する。それを踏まえて、現代にシンデレラがいたとしたら、という題材の物語を創作する。

⑨

A：東京における方言教育―落語を教材として

B：江戸言葉に関する資料、落語の映像「落語 The movie」《落語》

C：身近に残っている東京方言を確認する。落語を映像で鑑賞した後で、落語のスクリプトを参照して江戸語独自の表現を抽出する。

⑩

A：授業提案「クイズで国語！」

B：文学者・文学作品に関するクイズを収録したパワーポイント《ゲーム》

C：グループ単位で国語の知識に関するクイズに挑戦し、得点を競う。指導者は適宜クイズの解説を実施する。

⑪A：古語翻訳家になろう―現代のマンガ「金なし白祿」を古語に翻訳する
B：マンガ「金なし白祿」（九井諒子『龍のかわいい七つの子』）《マンガ》
C：マンガを読んで、吹き出しのことばを古語に直す。
⑫A：テレビショッピングから学ぶプレゼンテーション―国語教育におけるICT活用を視座に
B：テレビショッピング、そのトーク部分を文章化したもの《CM》《文章》
C：テレビショッピングのトーク部分を文章化したものを読んで、その特徴を考えたうえで、実際にテレビ番組を鑑賞する。それを参考に紹介する商品を決めて、原稿を作成したうえで、ショッピング番組を作成する。
⑬A：広告を「物語」として読む
B：広告、キャッチコピー《CM》
C：時代の異なる広告を読み比べそれぞれの特徴を考える。広告から想像する物語を文章化する。

## 大学院生の教材開発の傾向

これまで、二〇一六年度から二〇一八年度における三年間の「国語科教育特論3」の授業において、大学院生から提案された教材と授業の構想の概要を紹介した。本項では三年間の授業内容を確認したうえで、まず全体的な特徴について概観することにしたい。

初めに大学院生から提案された教材のジャンルに着目すると、次のような状況になっている。第3項から第5項にわたってカッコ（《　》）内のジャンルごとに提案した大学院生の数を、その数が多いものから順に紹介する。なお、一人の受講者が複数の教材を紹介した場合には、それぞれのジャンルを反映させた延べ人数を数値として示す。またその後の論述において、「2016①」のように示すのは、「二〇一六年度の①の提案」を意味している。

| | | | | | |
|---|---|---|---|---|---|
| 1 | 文章 | 12 | 2 | マンガ | 9 |
| 3 | 歌詞 | 7 | 4 | 古典 | 7 |
| 5 | 映像 | 5 | 6 | アニメーション | 5 |
| 7 | 絵・写真 | 4 | 8 | ゲーム | 4 |
| 9 | CM | 3 | 10 | SNS | 1 |
| 11 | 落語 | 1 | 12 | 絵本 | 1 |
| 13 | その他 | 1 | | | |

以上が、「国語科教育特論3」受講者の大学院生から提案された教材のジャンルである。最も多くの受講者が選んだのは「文章」であった。これに「古典」を加えると、言語による教材がすべての受講者数四七名の半数近くに及ぶことになる。「文章」には小説や物語、詩など文学作品のほかに、説明文や解説など多様な言語作品が含まれている。また特に「古典」というカテゴリーを加えたのは、日本古典文学や中国文学の研究室に所属する大学院生を中心に、古典の教材化を

提案した受講者が多かったことによる。同じく言語による教材の中でも、「歌詞」を提案した受講者が目立っていることに注目したい。学習者が広く関心を寄せるJ－POPを中心に、教材化を模索する受講者がいたことになる。

続いて静止画像を含む映像教材が多数提案されていることが、全体の主要な特色となっている。特に「文章」に続いて二番目に多かったのは「マンガ」であった。さらに静止画像としての「絵・写真」も提案され、文字情報とともに提示される「絵本」を取り上げた受講者もあった。そして動画としての「映像」は、映画だけではなく音楽のプロモーション・ビデオなども含まれている。そして「映像」に関連して、「アニメーション」の教材化を提案した受講者が相当数に及んでいる。

その他「ゲーム」として分類したものの中には、携帯端末専用のゲームに加えてカードを使用するものや、カルタおよびクイズ形式のものなども含めている。さらにCMの教材化の提案、SNSに注目した教材開発のほかに、落語や学校行事に着目した提案も見られた。以下、より具体的に大学院生から提案された主な教材の傾向を見てみたい。

まず、具体的な教材として「文章」を取り上げた受講者の提案から考察する。「文章」の教材は一般的には読解を目的とした授業で扱われることが多いわけだが、今回の提案では、読解教材としてのみの目的から「文章」を取り上げた者はいない。「２０１６①」や「２０１６⑥」のように、アニメーションや古典との比較のために使用するという位置付け、そして「２０１７①」「２０１７⑩」「２０１７⑫」「２０１７⑱」「２０１８④」「２０１８⑤」のように、表現のための参考として文章そのものや書き方の解説文を使用するという位置付けとなっている。さらに「2017⑤」や「2018⑫」のように、日常生活の実用的な場面で使用される文章も教材として提案されていることに着目したい。

続いて「古典」の教材化を提案した受講者が相当数あったことが、一つの特色となっている。先に言及したように、「国語科教育特論3」を受講している大学院生には、古典関連の研究室に所属している者が複数あって、「古典」を提案したのはそのような立場の受講者が多かった。特に「2017⑭」は中国からの留学生の提案だが、留学生という立場を活用した漢詩の教材化を取り上げている。そして「古典」の教材化を取り上げた受講者の多くは、学習者が古典に親しむことを目標とした教材開発および授業開発が提案されていた。例えば「2016②」では小倉百人一首を『ちはやふる』というマンガとの関連で扱う提案、そして「2016⑥」や「2018⑧」は古典と現代の作品との比較という観点が見られた。また「2016⑩」や「2017②」のような、古典の学びにツイッターという形態を取り入れている。

次に「歌詞」を取り上げた提案を見ると、「2017④」や「2017⑦」「2018②」のように読解に関連した扱いを考えているものが多い。「文章」の教材化が読解を離れた提案になっているのに対して、「歌詞」では読解を意識した構想が複数提案されたことには注目しておきたい。読解の授業のための教材として「歌詞」を位置付けるという着想を窺い知ることができる。さらに「2016③」「2016⑫」「2018①」のように、曲に関連した映像を使用する授業の構想が含まれていた。

続けて、静止画像を含む映像教材に関して考察を加える。マンガに関しては、先に触れた「古典」との関連で取り上げた提案が複数あった。「２０１６②」「２０１６⑩」「２０１６⑮」「２０１７⑲」「２０１８⑧」などの提案である。古典の世界に親しむという目的からマンガを取り上げる位置付けになっている。その他「２０１６⑮」「２０１７⑮」は、マンガの読解に関わる教材であった。また「２０１６⑭」「２０１８⑪」はマンガの吹き出しのことばを古語に直すというユニークな提案である。

ここで静止画像としての「絵・写真」、そして絵と言葉とを組み合わせた「絵本」を取り上げてみたい。「２０１６④」は写真からことばを引き出す活動になるが、お笑いの要素をからめた提案である。また「２０１８③」は、写真からことばを引き出して俳句で表現するというものだが、「絵・写真」とことばとの関連を意識した教材の提案となった。「２０１６⑦」は中国からの留学生の開発した教材であるが、台湾の絵本を取り上げたもので、世界の絵本の教材化の可能性という意味からも貴重な提案であった。「２０１７③」は「ＳＮＳ」に分類もできるラインのスタンプが取り上げられた。絵をもとにした文章表現を目指すという構想だが、学習者が日常生活の中で好んで用いるラインのスタンプが取り上げられた点に特徴が見られる。「２０１７⑰」は、絵画の鑑賞から話し合いにつなげている。

続いて映像に分類できる教材を取り上げたい。特に多く選ばれたのがアニメーションであった。

「２０１６①」と「２０１７⑧」では、話題の新海誠監督のアニメーションが取り上げられた。「２０１６⑧」と「２０１７⑯」はともに「ピングー」を取り上げているが、これは「ピングー語」と称される特殊な言語が用いられたアニメーションであり、ことばとの関連で様々な工夫が可能になる。また「２０１６⑨」は中国からの留学生による提案だが、中国で人気のアニメーション「阿狸」が教材化されている。

アニメーション以外の映像教材としては、一つに「２０１６③」と「２０１６⑫」の音楽関連の映像がある。そして「２０１７⑬」ではユーチューブの映像、「２０１７⑨」ではテレビの映像が、それぞれ教材として取り上げられている。

その他に提案された教材としては「ゲーム」がある。「２０１７⑪」では携帯端末用のゲームソフトが取り上げられた。「２０１６⑬」の部首カルタ、「２０１８⑦」の「起承転結カード」、そして「２０１８⑩」のパワーポイントを用いた「文学クイズ」も「ゲーム」に分類したが、「遊び」の要素をいかに「学び」へとつなぐのかが重要な課題となる。

「２０１８⑤」「２０１８⑬」では「ＣＭ」が取り上げられ、キャッチコピーの表現への注目も見られた。さらに「２０１６⑤」では「ＳＮＳ」のツイッター、そして「２０１６⑪」では「学校行事」に着目した教材開発が提案された。「２０１８⑥」は神話と昔話、「２０１８⑨」は落語がそれぞれ教材化されている。以上のように、このたび大学院生から提案された教材は、きわめて多様であった。

## 総括と課題

国語科教育において教材開発は重要な課題である。冒頭で言及したように、学習者にとって楽しくそして確かな学力が育成されるような教材開発に向けて、国語科の担当者は常に関心を持つべきである。本節では、二〇一六年度から二〇一八年度に至る三年間の「国語科教育特論3」を履修した大学院生によって提案された教材と授業の概要を紹介し、国語科の担当者が彼らの工夫から学ぶことができる要素を抽出してきた。学習者の世代に近い大学院生の感性は、身近な素材から様々な教材化の可能性を引き出した。最後に総括を兼ねて、今後の課題を明らかにしておきたい。

大学院生からの提案で着目すべきは、マンガやアニメーション、音楽、ゲームなどのサブカルチャーとして括られることが多い素材を積極的に取り上げたことである。若い世代から支持された分野に、幅広く目配りがなされた点が挙げられる。これらのサブカルチャーの多くは、学習者の世代も共通して関心を有するもので、興味・関心の喚起、すなわち「楽しい」という目標に直結することである。そしてサブカルチャー教材は補助教材としての機能だけではなく、主教材としての可能性も十分にあることは、本節の冒頭で紹介した拙著でも検証した。

教材開発は、授業の構想とともに展開されなければならない。今回の提案では、開発した教材の紹介に留めずに、その教材を用いてどのような授業が展開されるのかを検討するようにした。

発掘した素材の教材としての特質に配慮しつつも、国語科教育における教材開発ということで、当然のことながらいかにことばに関連付けるかという点には十分に配慮する必要がある。そのうえで、「力のつく」という目標の実現に向けた授業構想が工夫されるべきである。

先に触れたように、「国語科教育特論３」の受講者は、国語教育の専攻だけではなく、日本語学や日本文学、中国文学などの国語科の教科内容に関わる分野を専攻する大学院生が多い。三年間ともに、提案された教材は提案者自身の専攻分野を常に意識した教材開発が心掛けられていた。単にサブカルチャーのような「流行」のみにこだわるのではなく、従前から教材化されてきた「文章」や「古典」など「不易」な要素が検討された点が特に重要である。ここには、まさに教材開発の基本的な方向性を確認することができる。学習者の興味・関心の喚起を尊重するあまり、「流行」の素材のみに目を向けるのは避けなければならない。

続けて、今後に向けての課題として明らかになった点について論述しておきたい。それは一つに教材の提案がともすると単発的なものになって、継続性に乏しいという点にほかならない。すなわち今回提案された教材を用いた授業は、多くが二時間から三時間の配当での「投げ込み」もしくはそれに準ずる扱いであった。二〇一七年版小・中学校、そして二〇一八年版高等学校学習指導要領では、カリキュラム・マネジメントが話題になっている。今回提案された教材を用いてどのような持続可能な取り組みが可能になるかという課題について、カリキュラムの観点からの考察が不可欠となる。さらに単発的な「投げ込み」授業のための教材としてだけではなく、本格的な単元学習のための教材という観点からの教材開発を目指したい。マンガを読んで文学作品に関心を抱き近代作家の代表的な小説を読破した学習者がいるように、「境界線上の教材」を一つの入り口として学びを深めることができれば効果的である。さらに、効果的な評価の実現のための方策にも配慮した取り組みも必要となる。

二〇一八年版の高等学校学習指導要領の言語活動例を参照すると、創作的な活動が取り入れられ、図表と画像の扱いも明確に位置付けられている。本節で紹介した大学院生の教材開発は、新たな学習指導要領の方向性と無縁なものではない。彼らの取り組みは、今後の国語科の教材開発の可能性に直結する。今回紹介した大学院生の開発した教材を手掛かりとして、魅力溢れる授業の創造に向けた効果的な教材開発を続けたいと思う。

# Ⅳ－3 新しい時代に対応する教材研究

## 教科内容と教科教育

国語科の教材研究を推進するに当たってまず取り組むべきは、日本文学や漢文学、日本語学などの教科内容に関する研究である。例えばある文学作品を扱う際には、その作品に関する基本的な研究成果に目配りが必要になる。それに加えて、可能な限り新しい研究論文にも目を通して、最新の問題意識を把握するようにしたい。すでに何回か扱った教材であっても、過去の教材研究のみに依拠することなく、常に新しい時代の研究成果に着目することが重要である。

教材研究を徹底するためには、文学研究にとどまらず、最新の国語教育研究をも視野に収める必要がある。例えば「読むこと」に関する研究では、様々な文学教育理論が登場しているという事実に目を向けなければならない。特に国語科の教材研究に際しては、教科内容に関する研究と、教科教育に関する研究のそれぞれを深めるようにしたい。教師の業務量が増えて教材研究の時間が確保できないという教育現場の実態は深刻ではあるが、教師の仕事の基本である授業の充実のためには、様々な工夫を凝らして教材研究の徹底を目指したいところである。教材研究が深まると、当然のことながら授業内容は向上する。新しい時代に対応する教材研究とは、一つに教科内容と教科教育の最新の研究成果に学ぶところから出発すると言えよう。

## 興味・関心の喚起と学力の育成

教材研究に当たって配慮しなければならないのは、その教材を用いてどのような授業を展開するのかを検討することである。特に、「楽しく、力のつく」という要素を大切にしたい。すなわち、まず学習者の興味・関心を喚起するために必要な方略を模索するべきである。その方略の前提として、的確な学習者理解が求められる。まさに新しい時代を生きる学習者の実態を、正確にとらえるようにしたい。

ここで大切なことは、教材研究を通して指導者自身がその教材の魅力を引き出さなければならないということである。指導者自らが面白いと思えないような教材では、学習者の興味・関心を引き出すのはきわめて困難になる。「楽しく」という条件に即した教材の魅力を、教材研究によって明らかにしておきたい。

続いて検討すべき点は、その教材を用いた授業でどのような国語科の学力育成が実現するのかを、あらかじめ確認することである。すなわち「力のつく」という要素にも、十分な目配りが必要になる。教材研究を深めることによって、「楽しく、力のつく」という要件に即した教材価値を把握するようにしたい。それがまさに、新しい時代に対応する教材研究の観点となる。

## 指導内容と指導方法

教材研究において特に重要な課題は、一つにその教材を通して何を教えるのかを明らかにすることである。そのためには、先行研究を手掛かりにして具体的な指導内容を明らかにしなければならない。そのうえで、指導内容に関わる個々の事項についての調査・研究を深めるようにしたい。効果的な教材研究によって、指導内容の焦点化を図ることができる。

そしていま一つの課題は、指導内容を具体的にどのように扱うのかという、指導方法に関する研究も不可欠になる。その段階で、先に触れた学習者の興味・関心を喚起する必要がある。例えば古典を扱う授業では、その古典の親しみやすい現代語訳、および関連したマンガや映像などを探索して、授業で紹介できるものがあるかどうかを確認する。指導内容を具体化する際には、学習者が広く関心を有するインターネットや画像・映像などに参照すべきものはないかを調査することも、新しい時代に対応した教材研究に直結する。

## 教材開発と教材研究

　これまで、教材研究で特に重要と思われる事項に言及してきたが、そもそも教材研究の前提として、学習者にとって価値ある教材を選定しなければならない。すなわち、効果的な教材開発を目指すところから、教材研究が始まることになる。

　新しい時代に対応する教材研究を実現するために、いまどのような教材が求められているのかを的確に把握するようにしたい。学習者のいる「いま、ここ」を照射するために、真に必要な教材とは何かを問い続ける必要がある。

　資質・能力重視の傾向に伴って、教材の位置付けに見直しが迫られていることは周知の通りである。学習指導要領や教科書に関する理解が、効果的な教材開発の基盤となる。その理解を踏まえたうえで、常に視野を広げアンテナを高くして、様々な情報を収集するようにしたい。不易と流行のそれぞれに目を向けながら、自身の手で教材を開発する努力を惜しみたくはない。

　教師を取り巻く学校の環境が厳しさを増し、十分な教材研究を実現できる余裕に乏しい状況の下で、いかに教材開発と教材研究の時間を確保して前向きに取り組むかが、当面の課題ということになろう。

## Ⅳ－4

# 手づくりのアイテム＆ツールを生かす自主教材
## ――学習者の興味・関心喚起のために

### 手づくりの資料を生かす

「授業のアイテム＆ツール」と聞くと、連想されるのは一つにＩＣＴ関連の機材であり、指導者の視点からはパワーポイントや電子黒板などが想起される。学習者の間にはＳＮＳが普及して、スマートフォンは日常生活における主要なアイテムとなった。学習者一人に一台ずつの端末が用意され、授業中に活用する学校も増えている。様々な新しいアイテム＆ツールが取り上げられた実践も増えると思われる。ただしそのような最新の素材を考える前に、授業の基本に立ち返って、本当に必要なものは何なのかを考えてみたい。

「自主教材」とは、多くは指導者の手づくりによるものである。そこで、授業内容の充実に向けて必要不可欠な手づくりのアイテム＆ツールについて、わたくし自身の実践に即して具体的な提案を試みることにする。

前任の中学・高等学校に勤務していたころから、すべての授業で自主教材を用意するようになった。それは基本的には公文書の書式に倣ったA４サイズ横組みの資料で、印刷をして授業の際に学習者に配布する。以下に紹介するのは中学・高等学校での実践を意識したものだが、指導者の工夫によって小学校でも扱うことが可能になる。なお、本書においてすでに何度か触れているが、確認の意味から改めて概要を取り上げることにする。

まず「研究の手引き」と称する資料から取り上げてみたい。これはまずその授業で扱う研究テーマおよび学びの目標を掲げたうえで、どのような授業を展開するのかを順を追って整理する。授業はこの「研究の手引き」に即して進められることから、学習者はどのような授業になるのかという全体像をイメージしたうえで、個々の学習活動の内容と方法を理解できるアイテムとなる。また指導者にとっては、授業構想を具体化するためのツールとしての意味も含まれる。

続いて「授業レポート」と称する資料を配布する。これは「ワークシート」に相当するもので、「研究の手引き」と対応するように作成する。学習者は授業の進行に即して、個々の課題について考えたことや教室で話題になったことなどを、所定の欄に記入することになる。その際に個人で考えたことと、授業の中で明らかになったことは区別して記入する。また最後に学びの目標と対応した評価の観点を掲げて、各観点について五段階で自己評価をする。欄外には「本日のひとことメモ」と称する欄を設けて、学習者が授業中に感じたことや質問事項などを自由に記入できるように配慮する。

「授業レポート」は授業終了時に提出させ、指導者が点検して適宜コメントを記入したものを、原則として次の授業時に返却する。この「授業レポート」は指導者にとっても参考になるアイテムで、学習者全体の傾向や個々の学習者の実態や考え方を把握できる貴重なツールにもなる。

いま一つ「研究資料」と称する資料を紹介する。これは、その授業で使用する「教材」をまとめて提示するものである。特に前の授業で提出された「授業レポート」に記入された個々の学習者の考え方は、「研究資料」にまとめて紹介すると、他の学習者の反応から学ぶことができる有効なアイテムになる。また教科書教材を扱う際には、その内容に関連する資料を精選して、出典とともに示すことによって、教材の理解を深めるという役割も担うことができる。

以上のような「研究の手引き」等の資料に関しては、大学の授業においても原則として毎時間作成するようにしている。これらの手づくりの資料を用意するのは、指導者にとっては負荷がかかることではあるが、相応の効果が期待できることから継続して扱っている。なお返却された「授業レポート」を含めて、配布した資料はすべてファイルストックして、授業の記録としての活用にも資するようにする。これらは個々の授業内容の充実のために、重要な授業のアイテム＆ツールとなるはずである。

## 教材に「空所」を設ける

続いて、教科書教材を活用した自主教材の可能性について考えてみたい。学習者の興味・関心を喚起しつつも、国語科の学力育成につながるようなアイテム&ツールを工夫する必要がある。そこで、クイズやゲームにつながる方法を取り入れた扱いを考えることにした。

例えば、授業で教科書に採録された詩歌を読むという場面を想定したとき、教材となった作品を通読するという活動から学びが始まる。そこで、教材となった作品の中に空所が設けられた場合はどうなるだろうか、学習者はその作品と接する際に、空所に相当することばを想像して読むことになる。この想像という活動を促すような方向から、自主教材の作成を工夫してみたい。

ここでは著作権の問題を勘案して、『青空文庫』から具体例を挙げることにする。教材としたのは石川啄木の短歌である。なお三行分かち書きの原文を、「／」で行の句切れを表すように表記する。

1　いのちなき□のかなしさよ／さらさらと／握れば指のあひだより落つ
2　□という字を百あまり／砂に書き／死ぬことをやめて帰り来れり
3　はたらけど／はたらけど猶（なほ）わが生活（くらし）楽にならざり／ぢっと□を見る

ここに示したのはあくまでも一例であるが、短歌の中に空所を設けて、そこに入るのにふさわしい漢字一字を想像して読むという課題を課することにする。個人で考えてから、グループで話し合いをしてもよい。空所が設けられていないもとの作品を読むときと比較して、どのような漢字一字が相当するのかをいろいろと検討するという学びの過程が加わることになる。「1」の空所は「さらさらと」というオノマトペ、さらに「握れば指のあひだより落つ」という表現から、「砂」ということばが連想されるが、そこから『一握の砂』という歌集のタイトルを関連付けて考えることができる。「2」の空所には一語に限定されずに、様々なことばを想像することが可能である。「3」の空所を考える際には、韻律の問題も視野に収めて、「手」を連想することになる。

話し合いが一段落するころを見計らって、もとの短歌で作者の石川啄木が用いたことばを参考情報として紹介する。ここでは、「正解」のみにこだわることがないように配慮する必要がある。「2」の空所が「大」となるような作者の考え方には意味があるわけだが、作者の表現のみを絶対的な結論とするのではなく、作中に設けられた空所によって、作品の読みが深化する過程を重視したい。このような自主教材を作成する際には、どこにどのような空所を設けるかという点が、指導者にとって最大の課題となる。作中に空所を設けた自主教材もまた、授業のアイテム＆ツールとして有効である。

## ゲームの要素を取り入れる

続いて、ゲームの要素を取り入れた自主教材について考えてみたい。これもまた、学習者の興味・関心を喚起するためのアイテム&ツールということになる。二〇一七年版小学校および中学校学習指導要領の「指導計画の作成と内容の取扱い」には、「読むこと」の教材に関して、「説明的な文章については、適宜、図表や写真などを含むものを取り上げること」という文言があって、「図表や写真」が教材として位置付けられていることから、この点にも配慮した自主教材を開発してみたい。

これまで主に指導者の手づくりによる自主教材について言及してきたが、学習者が作成したものも含めて考えることができる。そこで、学習者が作成したカードを用意して、それを教材とした活動を展開することにしたい。イラストが得意な者には手書きの絵で、そうでない者には写真を撮影することで、一枚のカードとなった絵・写真を用意する。それを教材として用いることにして、二種類のゲームを取り入れた活動を試みる。これらの活動は、いずれも四人から五人程度のグループに分かれて取り組むことになる。

まず、自分たちのグループ以外の二から四グループが用意した絵・写真のカードを机上に並べる。グループのメンバーは順番に「読み手」になり、カードを見てその中から好きな一枚を、他の者に分からないように選ぶ。「読み手」になった学習者は選んだ絵・写真にナレーションもしくは人物のせりふを即興で付けて、それを発表する。他の学習者は「取り手」となって、「読み手」のことばがどのカードのものかを当てる。当たった場合は「読み手」「取り手」にそれぞれ一点が入り、誰も当たらない場合は「読み手」がマイナス一点となる。次に「読み手」が交代して二周程度繰り返す。なおこれは、タンサンアンドカンパニー社から発行された「ヒットマンガ」というカードゲームからヒントを得た活動である。

そしてもう一つのゲームも、前と同様のカードを用意して机上に並べるところから始める。グループのメンバーが順番を決めて、一枚のカードを選び、そのカードをもとにして短いストーリーを創作する。次の学習者は別のカードを選んで、前のメンバーのストーリーの続きを、カードの絵・写真に即して創作する。最後のメンバーは、最終的に一枚のカードを選んでストーリーを収束させる。

ここに紹介したのは一例ではあるが、小学校から高等学校までの幅広い校種を対象とすることができる。以上のような手づくりの自主教材を取り入れたアイテム＆ツールを活用して、楽しく力のつく授業を目指すことにしたい。

# Ⅳ－5

# 国語科の授業モデルに関する一考察
## ――句会の実践を通して

### 「国語表現論」から構想する授業モデル

担当する授業を、受講者にとっていかに魅力あるものにするかという課題は、最も基本的な教育の課題である。これはどの教科でも、またどの校種にも共通する普遍的な課題であり、大学や大学院の授業といえども授業担当者は可能な限りの工夫をしなければならない。ここで言う「魅力ある授業」とは、学習者が楽しく取り組むことができるような、すなわち学習者の興味・関心を喚起できるような授業のことであり、加えてその授業を通して当該教科・科目の学力が育成される授業を意味している。

わたくしは二〇〇二年四月の早稲田大学教育学部着任以来、同学部国語国文学科に設置された「国語表現論」の担当を続けている。この科目は国語国文学科の広域選択科目であるが、国語科の教員免許取得希望者にとっては必履修となることから、国語教育を専攻する教員が担当してきた経緯がある。本節ではこの「国語表現論」という授業を具体例として取り上げ、一時間配当の構想に基づく実践を明らかにすることによって、魅力ある授業創りに向けての提案をする。

「国語表現論」に関しては、教職関連科目に準ずるという位置付けにも配慮しつつ授業を計画し、実践に取り組んできた。その概要に関しては、すでに拙稿「大学における『国語表現』の授業構想」(『早稲田大学大学院教育学研究科紀要』二〇〇四・三)で報告している。この中で、どのような目標のもとでどのような授業を展開しているかという点に関してはすでに論究したので、一つの「授業モデル」という観点から二〇一二年度に実践した授業に即してその具体的な内容を紹介し、魅力ある国語科の授業創りに向けて考察を加えることにしたい。

## 国語科の授業で目指すべきこと

授業における学びは最終的に個人の学びへとフィードバックされるべきものである。すなわち、受講者一人ひとりが授業を通して学びを体験し、その成果が蓄積されることになる。指導者の講義形態に基づく一斉授業の場合、多くは専門的な知見の注入が目指される。しかしながら、教室には様々な個性を有する学習者が存在し、固有の状況が生成されていることから、相互の交流を通して学びが深まるという授業の形態も工夫する必要がある。すなわち、学習者の小集団としてのグループレベルの学習者の交流、さらにはより規模の大きな集団としてのクラスレベルの交流の効果的な実現は、授業において目指されるべき重要な要素と言えよう。個人の学びがグループでの交流活動によって深められ、それがクラスでの交流活動によってさらに深められるという形態をいかに実現するのかということを、授業の構想の中で検討する必要がある。グループおよびクラスでの交流を経て深められた学びは、再度個人へとフィードバックされることになる。本節で提案する授業モデルは、個人、グループ、クラスのそれぞれの位相における学びの交流を目指すという点に配慮したものである。

授業においてもう一つ重要な点は、学びのシステムを構築すること、すなわち学びを効果的に組織し展開するための具体的な方策を整備することである。この点に関しては、わたくし自身の実践に即して、一つの方略を提案することにしたい。それは国語科の授業創りに際して、毎時間授業内容に即して作成した「研究の手引き」と「授業レポート」、そして「研究資料」と称する用紙を配布し、それに即して授業を展開するということである。この方法は、大学の勤務となる以前の中学・高等学校の授業を担当していた当時から継続して取り入れているものだが、二〇二〇年現在学部で担当するすべての授業において導入している。

受講者が毎回の授業中にまとめる「授業レポート」はA４サイズ一枚の分量であるが、授業で提示される多様な課題に関して、自身の考えをまとめたり、受講者や担当者の話を聞いて考えたことを整理したりする。すなわち、受講者は毎回必ずA４サイズ一枚程度の文章を書いて提出することになる。提出が義務付けられているために、彼らはしっかりまとめるという目的意識を持って書く。このような場所を授業の中に設定することによって、具体的な書くという国語表現の活動を実現することができる。

「授業レポート」を点検すると、個々の受講者の内実がよく表れていることが分かる。最後に「本日のひとことメモ」と称する欄を設けて自由に感想を書かせているが、この欄からは授業内容に対する受講者の反応を直接受け止めることができる。彼らの声は、可能な範囲で次の授業に反映させるように努める。さらに「授業レポート」には返却の希望を尋ねる欄を設けておいて、希望者にのみ次の授業時間に返却する。返却の際には、気が付く範囲で誤字等の修正や、特に「本日のひとことメモ」の記述内容に関連した簡単なコメントを記入することにした。コメントを記入すると、次の授業では受講者からの反応がある。また「授業レポート」に意欲的に取り組むようになり、内容も少しずつ充実してくる。担当者にとって、毎回の「授業レポート」の点検は当然のことながら負荷がかかることになる。授業の準備に充てることができる時間を勘案して、どの程度まで取り組めるのかという範囲を自らの内部で確立したうえで取り組む必要がある。

「国語表現論」の授業では、担当者の一方向的な講義よりも、担当者と受講者、そして受講者相互の対話を中心とした展開を充実させるようにしている。毎回ワイヤレスマイクを携えて教室内を回ったうえで、マイクを通して多くの受講者の意見を拾うように心がける。教室には様々な個性を持った学生が集まっていることから、その教室の特性を生かした授業の展開をぜひとも工夫したい。わたくしはこの特性を「教室の文化」という用語で把握しているが、それを最大限に生かした授業方法が望ましい。対話形式の授業が成功すると、教室全体が活性化して、授業全体が効果的に展開する。また受講者の側にも、主体的に授業に参加するという意識が芽生えることになる。担当者からマイクを向けて意見を収集する場面に加えて、受講者からの自主的な発言を促す場面も取り入れるようにすると、次第に発言が増える傾向になる。以上のような交流活動を授業の中で実現することも、「国語表現論」の重要な形態となる。効果的な交流を実現するために、「研究の手引き」「授業レポート」「研究資料」はそれぞれ欠かせない役割を担うことになる。毎時間作成し、印刷をして受講者に配布するようにしている。

## 「国語表現論」の目標と句会の授業の位置

二〇一二年度の「国語表現論B」の授業では、「国語表現の教材開発と授業開発」というテーマを掲げた。この科目の教職に準じた科目としての位置付けに配慮して、国語教育の領域から「国語表現」をとらえることにしたものである。「国語表現論」という科目の名称からは「作文」や「小論文」などの活動を想起しがちだが、授業ではそのような発想にとらわれずに身近な表現の現場に目を向けることにする。そしてことばによる表現という範疇のみに留まることなく、例えばマンガ、アニメーション、映画、音楽、テレビゲーム、インターネット、SNSなどの受講者に身近な場所にある素材を取り上げて、ことばとの接点を探りながら「国語表現」の教材を開発することにした。

国語教育における教材は常に授業と不可分の関係にある。教材開発を目指すことは、そのまま授業の開発にもつながってくる。表現に対する学習者の興味・関心を喚起しつつ、表現に向かう意志に働きかける教材開発、そして開発した教材を用いた授業創りを試みることが、主な授業の目標である。

年間の授業を通しての到達目標は、まず国語科の科目および領域としての「国語表現」の特質を的確にとらえることにある。そのうえで、「国語表現」にふさわしい教材を発掘して表現素材の教材化ができるようにすること、そして発掘した教材を用いた「国語表現」の授業が構想できるようにすることが主な到達目標となる。加えて授業を通して受講者の表現力を伸ばすことも重要な目標である。

授業は、まず身近な場所から「国語表現」の素材を開拓してその教材化を目指すことを目標として、前期には担当者からの事例提供を中心に展開する。それを参考にして受講者は前期末にレポートに取り組んで、教材開発・授業開発についての具体的な提案を試みることになる。後期には選んだ教材をもとに受講者の研究発表とそれに基づく研究協議という形態の授業を主として、さらに多様な教材開発および授業開発を目指すことになる。

このたび句会を取り入れた授業を取り上げるのは、この授業内容が「国語表現論」の、ひいては国語科授業の一つの「授業モデル」としての役割を担えるのではないかという思いがあったからである。すなわち、前項で取り上げた個人、グループ、クラスというそれぞれの位相の学びが授業の中で効果的に実現する。また授業のシステムを構築するために、「研究の手引き」「授業レポート」「研究資料」をそれぞれ用意した授業でもある。またそれらを効果的に活用する授業の具体的なイメージを持つことができた。すなわち効果的な授業創りのための前提が整ったことから、改めて授業の「モデル」として位置付けられるものと考えて、その指導過程の詳細を紹介したい。

## 句会に関わる先行実践

俳句に関連する授業は全国で実践されている。俳句が短詩形文学で親しみやすく、また創作も比較的手軽に実現できるという特徴から、読解・鑑賞の授業だけでなく、俳句の創作という活動を中心にした授業も多い。したがって俳句に関わる先行研究や先行実践は多く出されている。本章では、「国語表現論」の授業創りに際して特に参考にした先行研究・先行実践に絞ってそのいくつかを取り上げてみたい。

小林恭二の『小林恭二五七五でいざ勝負』（ＫＴＣ中央出版、二〇〇一）は、二〇〇〇年七月に放映されたＮＨＫの「課外授業ようこそ先輩」という番組をもとにまとめられた文献である。小林自身が学んだ小学校を訪れて俳句の授業を実施した時の様子が、詳しく紹介されている。小林は著作『俳句という愉しみ・句会の醍醐味』（岩波書店、一九九五）の中で句会の楽しみを紹介しているが、母校での授業でも句会を扱っていた。

小林の授業では「吟行」を取り入れて、学習者が様々な場所に出向いて俳句を創作するという活動が実施された。そこで創作された俳句をもとに句会を実施することになる。用紙に清書されたすべての学習者の俳句が掲示され、それを指導者が披講している間に秀句を七句選ぶ。そこで、作者自身の句は選ばないように指示される。その後に選んだ俳句を学習者の名前を入れて「**選」として読み上げる。全員の選句に指導者の選句も加えて集計してから、高得点の句について選評を交流してから作者を確認して拍手を送る。小林の句会の授業はさらに団体戦、個人戦と続く。授業の中で俳句の特徴や創作の方法について適切な指導がなされている点に注目したい。

小学生を対象とした俳句の授業が具体的に紹介された先行実践の中に、西田拓郎・高木恵理『新学習指導要領対応・楽しい俳句の授業―わかる・つくる』（明治図書、二〇〇九）がある。この文献では、小学校の低・中・高学年に分けて、それぞれの学年の俳句の授業が具体的に紹介されているのが特徴である。高学年の最後に「句会をしよう」という授業が紹介されている。その中では、「句会の流れ」が次の六段階に分けられていた。なお段階を示す数字は原文のままとする。

Ⅰ　選句する　Ⅱ　披講する　Ⅲ　鑑賞する　Ⅳ　点盛りをする

Ⅴ　高得点句について　Ⅵ　句会賞発表

事前に学習者全員に俳句を提出させ、それをすべて用紙にまとめてあらかじめ配布したうえで、以上のような段階で授業が展開する。選句は、特選を一句、入選を三句選び、俳句を紹介した用紙にそれぞれ「◎」「○」の記号で記入する。続いて選んだ句を大きな声で読み上げ、特選に選んだ句について感想を話す。そのうえで「◎」を2点、「○」を1点として点数を集計し、特に得点の高かった俳句の作者が感想を話す。最後にすべての俳句の中で最も得点の高い俳句に「句会賞」を授与し、教室に俳句を掲示するという展開である。この授業は指導過程が簡潔かつ明瞭で、教室での確かな展開が期待できる。なお同じ著者による『俳句の授業をたのしく深く』（東洋館出版社、二〇一二）でも、最後に句会の実践が紹介されている。

続いて三浦和尚・夏井いつき編著『俳句の授業ができる本・創作指導ハンドブック』（三省堂、二〇一二）には、様々な「句会ライブ」の実際が紹介されている。「応用編」の「小学校高学年～一般対象」には「勝ち抜き句合わせ」（高等学校～一般）が収録されている。本節で紹介するのは大学生を対象にした授業ということで、特にこの内容を参照した。この文献では俳句の創作に「一物仕立て」と「取り合わせ」の二つの方法があることに言及したうえで、実際の句作に当っては「取り合わせ」に着目した俳句を作らせているところに注目したい。「勝ち抜き句合わせ」では、まず五分間が俳句を作る時間となる。創作した俳句を投句し、その句の中から「句合わせ」に進出する一五から一六句程度を選句し、清書する。

右方と左方とに分かれ、それぞれの句を読み上げる。どちらが好きか、よい句かを話し合う。

話し合いが一段落してから挙手によって勝ち残る句を決定する。挙手による選句が一段落した後で、俳句を書いた用紙を掲示する。その用紙に書かれた俳句を朗読して紹介する。句合わせの結果、選ばれなかった句については作者を確認する。最後の決勝に残った俳句については、すべての句の作者を明らかにする。この「勝ち抜き句合わせ」の方法は、本節で紹介する授業にも取り入れることにした。

本節で取り上げた句会の授業はあくまでも一つの実践例だが、それぞれの授業内容に共通する要素を精選して取り入れた授業を計画することにした。まず俳句を創作する際に参考になるような助言を取り入れる。ここでは専門家の指摘を踏まえた簡潔な助言を試みる。先に紹介した『俳句の授業ができる本』では、「取り合わせ」の技法を導入した創作を提案しているが、ポイントを絞って俳句創作へといざなうことができるような助言をしたい。

それを参考にして、受講者に実際に俳句を創作させる。その俳句をグループとクラスで参照し評価して相互に俳句の表現を学ぶことができるように配慮する。その過程で受講者は様々な表現の問題と出会い、学ぶことになる。先行実践を参考にして、これらの要素を生かした授業の構想を練り上げることにした。

## 言語活動例と授業の目標

本節で紹介する授業の基盤にあるのは、俳句の創作と相互評価である。ここで二〇一七、一八年版学習指導要領の「国語」をそれぞれ参照すると、「内容」に収められた言語活動例の中に、いずれの校種でも詩歌の創作が含まれていることに着目したい。

このことから国語科教科書に詩歌の創作に関わる活動が含まれ、教育現場においても授業で扱われているということになる。教員免許の取得を希望する学生にとって必修となる「国語表現論」の授業で俳句の創作を取り上げるのは、学習指導要領との対応という観点からも必要なことであると考えた。

そこで改めて、句会の授業で目標とするところを確認しておきたい。授業で目標とするのは、以下のような点である。まず大きく二つの目標を掲げることになる。

① 受講者が興味・関心を持って、俳句の創作という表現の活動に取り組むこと。

② 他者の表現を参考にして、自らの表現を磨くこと。

授業中に求められる俳句創作という活動に対して、すべての受講者が興味・関心を持って取り組むような授業を展開しなければならない。そのためには、日ごろから受講者に表現を楽しむような習慣を身に付けるような配慮が必要である。「国語表現論」の授業では、一回につき一つのテーマを掲げているが、受講者にとって身近で関心のある題材を精選して扱うようにしている。ここで取り上げる句会の授業もまた、一回で完結する内容を目指したものである。

創作した俳句は、相互評価を通して鑑賞されることになる。個人で創作した俳句をそのままの状態にとどめるのではなく、相互に批評するという活動を通して、他者の様々な表現から学ぶことができるように配慮する。短時間のうちに評価ができるところに俳句の特色がある。この交流活動を目指すという点が、今回の授業の二つ目の目標である。

授業では、特に学習形態としてグループ学習を取り入れることになる。そこで個人の学びがグループの学び、さらにクラスの学びを経て深化し、最終的に個人の学びへとフィードバックされるという展開を特に工夫した。

③ 個人・グループ・クラスそれぞれの場所での学びが効果的に交流しつつ、深化すること。

この点を効果的に展開し実現することも授業の重要な目標であり、「授業モデル」としての位置付けにも深く関わることになる。以下の章で、具体的な授業の展開を紹介する。

## 句会の授業展開・1（個人レベルからグループレベルへ）

続けて本項と次項では、具体的な授業の展開について紹介する。カッコ内の時間は活動に要したおおよその時間である。実践した日時は二〇一二年七月一三日の二限（一〇時四〇分から一二時一〇分まで）の「国語表現論B」の授業で、当日の参加者は六三名であった。なお授業時間は正味九〇分だが、授業構想および実際の授業では八〇分をもとに時間配当を考えて、一〇分を調整の時間とした。

### ①　授業の展開についての説明（五分）

二〇一二年度「国語表現論B」の授業は、毎時間一つのテーマを掲げて、そのテーマに関しては一時間で終了することにしている。その日の授業で扱うテーマに関しては、前の授業時に予告をすることにしていた。まずこの時間に扱うテーマについて紹介し、一時間の授業の中でどのような活動を展開するのかを簡単に説明した。受講者は説明を聞いて、授業全体のおおよそのイメージを把握することになる。

授業のテーマは「句会を楽しむ」とした。一つはテーマを定めて俳句を創作するという表現の活動、そしていま一つは創作した俳句をグループおよびクラスで交流して、相互評価をするという活動が授業の中核となる。まずはその点について受講者の理解を促すことになった。

## ② 専門家の考え方の紹介（一〇分）

当日配布した「研究資料」には、俳人坪内稔典の著作『増補・坪内稔典の俳句の授業』（黎明書房、二〇一〇）。からの引用を掲載した。なお本節では坪内の引用は特に出典を記すもの以外はすべてこの文献によっている。授業ではまず受講者に「研究資料」を参照させて、著名な俳人の考え方を紹介する。そこで紹介した資料の一部を以下に引用する。

おおまかな言い方ですが、表現には二つのかたちがあります。

① 感動を表現する。

② 表現して感動を探す。

この二つです。近代の中心になったのは①でした。作文にしろ詩歌、小説にしろ、作者の感動がまずあって、その感動を書くとみなされてきました。（中略）

俳句は感動から出発する表現ではありません。つまり、さきの②の立場が俳句です。

このように、俳句が「感動を表現する」ものではなく、「表現して感動を探す」ものであるという坪内の考え方をまず紹介し、それを参考に俳句の創作に取り組むように促した。

続いて同じ文献から「句会の仕方」に関して説明された箇所を取り上げた。坪内によれば、句会の仕方は以下のような流れになる。

①出題
②俳句を作る
③投句（作った句を紙に書いて出すこと）
④清書
⑤選句
⑥選句の発表（披講）
⑦合評
⑧作者の名乗り

以上のような展開について紹介し、授業ではこの流れをもとにいくつかのアレンジを加えて展開することを伝えた。ここまでが全体の導入である。

### ③出題と創作（一五分）

続いて、授業で創作する俳句の題を決めることにした。いわゆる「題詠」である。受講者各自が自由なテーマで創作するのではなく、あらかじめ題を決めたのは、坪内稔典の以下のような指摘による。

僕の場合、教室の句会では題を出します。いわゆる季語か、あるいは季語ではない「階段」とか「エレベーター」というような言葉でもいいです。要するに題は発想の手がかりになります。しかも、みんなが同じ題で同じ時間に作るということが、意外に刺激的なんです。

授業では「季語」を題として選択することにした。授業の当日が七月ということで「夏」の季語を選ぶことにした。そこで教室の最前列に掛けている六名の学生に依頼して、「夏」の季語から好きなものを一語選択して黒板に書くように依頼した。このとき学生に提示したのは、坪内稔典監修『ねんてん先生の俳句の学校1』（教育画劇、二〇一二）に掲載された夏の季語である。

六名の学生が選んだ季語が板書されたところで、その中から俳句の創作に最もふさわしい題を二語選択する。全員に一回ずつ挙手をさせて、上位の二語を題として決めることにした。その結果、授業で選ばれた題は「夕立」と「すいか」の二語であった。

それぞれの題をもとに、一句ずつ創作させることにした。なお、創作に要する時間は一〇分と指定して、一〇分以内でそれぞれの題につき一句ずつ合計二句を創作させることになった。創作した俳句は「授業レポート」に記入する。その後でA4サイズ四分の一の縦長の用紙を「短冊」として一名につき二枚ずつ配布したものに、創作した俳句を清書することにした。「短冊」には創作した俳句のみ記入し、氏名はいっさい記入しないようにした。教室の状況では、ほぼすべての学生が一〇分以内に二句を創作し清書することができた。ここまでが「個人レベル」の活動である。

④ グループ内での選句と批評（二五分）

続いて「グループレベル」の活動となる。グループの規模は、五人もしくは六人として、座席が近い者を中心に自主的に編成するように指示を出す。なお、「国語表現論B」ではすでに同様のグループ編成に基づく授業を実施していたこともあって、グループ編成は円滑に実施できた。「授業レポート」にグループのメンバーを記入し、続いてリーダーを互選する。選出されたリーダーを中心にグループレベルの学習を展開することになる。結果として編成されたグループは一二グループとなった。座席の位置に即して、一班から一二班まで担当者が割り振りをした。

グループごとに、まず構成員の学生が創作した俳句を書いた短冊を裏返しにして配布し、全員の俳句が配られてから、手元の短冊に書かれた俳句を一句ずつ声に出して読んでから机の上に置く。すべての俳句が朗読と短冊によって紹介されてから、今度はどの俳句が最もよいと思ったかについて、グループの構成員がそれぞれ理由を添えて投票し、選んだ理由を明らかにする。なおその際に、自分自身の創作した俳句は選ばないようにというルールを徹底する。あくまでも自分以外のメンバーが創作した俳句の中から秀句を選ぶことになる。このグループでの交流活動には二〇分を充てることにした。

先に述べたように、全員に与えられた題は「夕立」と「すいか」であった。それぞれの題に即して一句ずつ創作されたことになる。ただし、秀句を選ぶ際には、どちらの題に関するものでもよいから、とにかくよいと思った一句を選ぶようにする。さらに、創作されたすべての俳句についての感想をグループ内で交流するように指示をした。
一班から一二班のグループで選ばれた俳句は、それぞれ以下のようなものであった。

一班　部活明けひやりととけるすいかバー
二班　優しさを見せぬあなたはすいかかな
三班　小さいころ大好きだったすいかバー
四班　二人きり夕立の中傘一つ
五班　軒下の猫と夕立やり過ごす
六班　墓参り袖を濡らすは夕立か
七班　「おいしいね」まあるい笑顔すいか顔
八班　大人でもすいかの種は庭に吹く
九班　夕立に降られて急ぐ夏の道
一〇班　水風呂でからだを冷やすすいかかな
一一班　夏空にすいかの種を打ち上げる
一二班　すいか割り思い出すのはあの夏か

「授業レポート」には、グループで選ばれた俳句とその俳句に関するコメントを記入するようにした。

## 句会の授業展開・2（グループレベルからクラスレベルを経て個人レベルへ）

句会の授業は続いてクラスレベルへと移行する。以下、続けて実際の授業の展開に即して紹介したい。

### ⑤ クラスでの選句と批評（一〇分）

前の節で紹介した一班から一二班までのグループ内で選ばれた代表句をめぐって、今度はクラス単位での評価に移ることにした。すなわち、一二のグループを二つずつのチームに分けて、代表者がその句を読み上げる。まず、一班と二班とのリーダーがそれぞれ自身のグループで選ばれた俳句を交互に二回ずつ朗読する。それを聞いた一班と二班以外のメンバーが、全員でどちらの俳句がよいと思うかを挙手によって評価した。当該の二つのグループは評価には加わらず、リーダーが相手グループを評価して挙手したメンバーの人数を数えることにする。

まず一班が選ばれた句を朗読し、続いて二班が朗読する。さらに一班、二班の順で朗読を繰返すことにした。その後で、一班の俳句をよいとしたメンバー、続いて二班の俳句を選んだメンバーに挙手で意思表示をさせる。なお一班と二班のメンバーは、どちらにも挙手しないように配慮した。各グループのリーダーに依頼して、相手グループに挙手した学生の人数を数えてもらった。その結果、選んだ人数が多かった俳句を残すようにした。同様にして、三班と四班、五班と六班のように、二つの班ごとに選出された俳句をリーダーが朗読してどちらがよかったかを尋ねることになる。

合計で六回、二つのグループごとに選句を実施する。ちなみに、すでに引用した十二の俳句の中で、クラス内で選ばれたのは、以下のグループの作品であった。

二班、四班、六班、七班、一〇班、一一班。

このクラス全体で選ばれた作品六句は、それぞれのグループの代表者によって、黒板に書き写すようにした。すなわち、それまではすべて音声によって「披講」をしているものだが、この段階に来て初めて文字情報に基づく選句と評価をさせることになる。

板書された六句の俳句は、それぞれのグループで秀句として選ばれ、さらにクラスでも共感した者が多かったものである。それを順に担当者が朗読して紹介し、すべての紹介の後でクラス全員によって評価することになった。評価の方法は、六句の中で最もよいと判断した俳句を一句選んで、挙手によってどの句を選んだかを示すという方法にした。その際に作者は、自らの創作した句は秀句として選ばないというルールも確認した。またそれぞれの俳句を選んだ者の中から、二名もしくは三名を指名して、選択した理由について簡潔な説明を求めた。この結果、六句すべてについての選評を交流し、クラス全体で共有することができたことになる。

クラス全体での評価の結果、秀句として選んだ人数が最も多かったのは、一〇班の「水風呂でからだを冷やすすいかかな」という作品であった。この句の選評としては、修辞技法として擬人法が効果的に用いられていて、情景が生き生きと描かれているという点が多く挙げられた。

第二位になった俳句は六班の「墓参り袖を濡らすは夕立か」という句であった。この句の選評としては、「袖を濡らす」という古風な表現が、夕立と涙で濡れる二つの意味を掛けて効果的に用いられている点を評価するものが多かった。

最後に第一位と第二位になった俳句に関して、作者の学生に名乗らせることにした。クラス全員からの拍手をもって、多くの支持を集めたことを称えた。

## ⑥ 俳句の評価をめぐって（一五分）

以上のような展開、すなわち俳句の創作という個人レベルの活動から出発して、グループ単位の活動、さらにクラス単位の活動へと展開する過程で、受講者は様々な学びを経験することになった。そして最後には再び個人レベルへと戻って、「授業レポート」に二つの観点から総括的なコメントをまとめることになる。その一つは、俳句の評価について、すなわち俳句のよしあしを判定する際にどのような要素を勘案したらよいのかという点であった。

この点に関しては、主に秀句の条件として、以下のような観点が提案された。

多くの共感が得られる。語感に無理がない。季節感が出ている。リズムが整っている。情景が直ちに鮮明に思い浮かべられる。句の意味や世界観がストレートに伝わる。一見するとかけ離れている二つのものをつなぐ。含蓄のあることばが用いられている。

多くの受講者に共通している観点は、俳句に表現された情景が直接理解できること、それでいてどこか含蓄のある奥行が感じられるという点であった。実際に俳句を創作するという活動を通して、このような考え方に至ったという点を重視しておきたい。

総括的なコメントとして二点目に受講者に求めたのは、俳句の創作を通して考えたことは何かという点である。この点に関しては、例えば以下のような感想が寄せられた。

多様な表現に挑戦することができて興味深い。限られた字数で表現するのは難しいが楽しい活動であった。あらかじめ題を決めた点が創作しやすい。同一の題にもかかわらず全員異なる俳句ができるのは驚きでもある。短いことばから多様な表現が生まれることを痛感。ことばの使い方一つで全体の雰囲気が変わるところに俳句の面白さが感じられる。様々な俳句に触れると新たな発想が浮かぶ。創作した句を全員で論評して発想を広げることができた。

以上の感想には、この授業で目標とした要素が多く含まれている。何よりも俳句の創作とその批評を主に扱う句会という形態の活動自体に、受講者が強い関心を示したことには注目したい。受講者が興味・関心を抱いて言語活動を展開するところに、国語科の授業創りの最も重要な要素がある。それを担当する「国語表現論」の授業で生かすことこそが、担当者としての最大の目標であったわけだが、その点は実際の授業実践を通して達成することができたという実感がある。

## 授業の総括と今後の課題

本節で紹介した句会の授業では、まず俳句の専門家の指摘を参照するところから出発した。わたくしは、感動を表現するのではなく、表現して感動を探すのが大切であるという坪内稔典の考え方を取り上げた。対象が大学生、しかも受講者に国語国文学科の学生が多いという状況の中で、あまり初歩的かつ一般的な助言は避けて、坪内の指摘を取り上げることにしたのである。前の項で紹介したように、『俳句の授業ができる本』では俳句の基本的な作法としての「一物仕立て」「取り合わせ」の二つの方法を紹介しているが、時間に余裕があればこのような具体的な俳句創作に関わる技法などに関してあらかじめ紹介するとより効果的であろう。

続けて、俳句創作の前提として題を決めることにした。しかもこの題には季語の中から選ぶという制限を課することにした。季語を題とすることによって「一物仕立て」「取り合わせ」のいずれの方法によっても創作ができるようにした。そして二つの題を決めて、それぞれ一句ずつ創作させるという課題を工夫したのである。これは、ある題からなかなか創作が進まない受講者でも、題が変わると創作ができるという可能性に配慮したものである。なお、句作に要する時間は一〇分と限定した。

「国語表現論」の授業は、大学の国語国文学科の専門選択科目という位置付けからも明らかなように、受講者の多くは俳句に関する基本的な知見を有している。句作に関して特別の指導をしなくても、題を指示するのみで受講者全員が時間内に俳句を創作することができた。そこまでを個人レベルの学びとして、授業は続けてグループレベルの学びへと展開することになった。最初に授業展開の方法について説明を徹底するとともに、「研究の手引き」を活用して具体的な学びの手順を受講者に理解させるようにした。グループ学習に関しては、「国語表現論」の授業ではすでに経験していることから、円滑にグループ編成をして自主的な学びへと移行できた。中・高等学校の教育現場で実践する際には、さらにきめの細かい学習方法に関する指示を徹底しなければならない。

二〇分を費やしてグループ内での選句が終わったら、先に触れた『俳句の授業ができる本』に紹介された「勝ち抜き句合わせ」の方法を導入して、二つのグループごとに選ばれた句の「句合わせ」をしてどちらがよいかを判定することになる。判定の際には当該グループは除いた全員の挙手によって、選んだメンバーの数が多い方の句を残すという形態で「勝ち抜き」をする。クラスの中に一二のグループが編成されたことから、二グループずつの句合わせにより、最終的に六句が選出される。その句をグループの代表者が板書する。この段階で時間に余裕があれば、二つのグループで競った際に、それぞれの句に対する感想を簡単にでも交流できればよい。他者の表現の工夫から、いろいろと学ぶことがある。このとき、「授業レポート」が活用できる。「授業レポート」は、グループでの学びの履歴を整理できるように工夫する必要がある。

最後に板書された六句について、クラス全体で一回ずつ最もよかったと思われる俳句に挙手をさせ、その集計によって一位と二位を決定することにした。これがいわば「決勝戦」となることから、その句を選んだメンバーからの選評を発表させることにした。最終的に一位と二位の俳句について、選んだメンバーのコメントとともに担当者からのコメントも紹介し、最後に作者が名乗り出て全員で拍手をもって称えた。この段階で、授業時間は約七五分である。

授業は最後に再度個人レベルの学びへと戻ることになる。「授業レポート」に俳句を評価する観点、すなわちよい俳句とはどのようなものかという課題についてまとめさせる。さらに今回の授業の感想も整理するようにした。時間は五分から一〇分程度で、「授業レポート」にまとめた評価の観点に関わる内容を数名の受講者に発表させ、最後の簡単な交流をして授業は終了となる。

授業の評価は、主として受講者全員が提出する「授業レポート」によって行うことになる。そこには、個人・グループ・クラスのそれぞれの場面での学習活動も記録できるようになっていることから、どの程度の記録が残っているかという観点から、個々の受講者の学びを評価することができる。

本節で紹介したのは大学の一コマ九〇分の「国語表現論」の授業における実践である。中・高等学校での授業にも十分に応用可能な内容であることから、国語科教育に関わる内容を扱うという この科目の趣旨に合致する。そして、国語科の特に「書くこと」の領域に関わる活動の実現を目指すことができる。加えて、国語科の学びを個人、グループ、クラスの各段階での交流活動を通して深化させることを目指したものである。授業は「研究の手引き」に即して展開し、受講者は「研究資料」を読みながら、「授業レポート」に書いてまとめる。以上のような実態から、大学の「国語表現論」の授業の一つの「モデル」となり得るものである。すなわちここで紹介した指導過程を経ることによって、一時間で完結する句会の授業を展開することができる。それは大学に限らず、小・中・高の教育現場での授業にも導入可能な内容となる。

今後の主要な課題は、授業の質を高めることである。すなわち句会に関する専門的な知識はもちろん、俳句について、特に俳句の創作について、専門的な知見をさらに取り入れた授業を構想する必要がある。また、本節で紹介した授業は大学の一コマ九〇分の授業ということで、中・高等学校の現場ではさらに時間を圧縮して実施しなければならない。五十分を単位時間とした指導計画の練り直しが必要となろう。ただし短時間で実践できるという特質からは、いわゆる「投げ込み」の扱いで気軽に実践できるという利点がある。

今回紹介した授業では、個人の創作した俳句がグループでの学習時に選ばれなかったときには、そのままの状態になってしまうという課題が残った。クラス全員の受講者の創作した俳句をプリントにまとめて、クラス全体にフィードバックすることが理想である。グループで選ばれた俳句以外にもすべての受講者の俳句を紹介することによって、他者の表現から学ぶという姿勢がさらに強化される。今後の課題としたい。

本節で紹介した句会の授業は、先行実践を踏まえつつ、わたくし自身の実践の蓄積をもとに開発した授業のモデルである。このモデルをもとにしつつ、様々な改定を加えながら実践することによって、一定の成果を得ることが可能となる。俳句は一七文字という短い字数で表現し、しかも定型で季語を用いるという約束事がある。また短時間のうちに多様な表現を実現できるという特色もある。教室での創作という活動にはきわめてふさわしいジャンルと言えよう。しかも句会という場を設けることによって、個人からグループ、さらにグループからクラスへと交流の場所を広げることができる。クラスを単位とした授業という場の特性を生かした展開ができることも、モデルとしての位置を支えてくれることであろう。

冒頭で言及した「魅力ある授業」を実践するために、多様な観点から検証しつつ練り上げた授業モデルを積み重ねることは、国語教育研究の重要な課題の一つにほかならない。今後も授業開発を続けながら、魅力ある授業モデルを提案したいと思う。

# おわりに

学びに対する興味・関心の喚起を、教育の最も重要な課題として把握してきた。学習者が楽しいと思える要素を授業の中に取り入れることが使命であると思いつつ、教材開発と授業開発を続けている。本書では国語教育を楽しむという目標に向けて、具体的な実践に関わる提案を試みた。もちろん単に楽しいだけの授業ではなく、確かな学力の育成につなぐようにしなければならない。そう考えて、「楽しく、力のつく」授業創りを目指してきた。

二〇二〇年、時代は確実に変容しつつある。「5G」と称される超高速通信システムによって、高度情報化はさらに加速し、小学校ではプログラミング教育の必修化が話題になっている。常に学習者のいる「いま、ここ」をしっかりと把握しつつ、彼らの現実を的確に受け止めなければならない。授業創りに際しては、「不易」と「流行」のそれぞれに目を向ける必要がある。

本書に収録した拙論の初出は別記の通りであるが、転載を許諾していただいた出版社・大学・学会に御礼を申し上げたい。なお執筆当時の折々の話題を扱ったことから、二〇二〇年現在からすると少し前のものも含まれている。また学習指導要領に関しては二〇一七年および二〇一八年に告示されたものを重点的に取り上げつつ、必要に応じてそれ以前のものにも言及した。

わたくしが毎時間の授業で使用している「研究の手引き」「授業レポート」「研究資料」などに関しては、効果的な授業創りのために重要な資料と判断して、繰り返し取り上げて強調した。国語教育を楽しみつつ、「楽しく、力のつく」授業創りにつなげるように心がけたつもりである。

視野を広くアンテナは高くして、これからも学習者にとって価値ある教材開発を続けて、それを用いた授業開発を試みるようにしたい。その試みは指導者自身にとって、きっと楽しい営みとなるはずである。

本書の出版に際しては、企画から刊行に至るまで、学文社の落合絵理氏にたいへんお世話になった。心からの謝意をお伝えしたい。

二〇二〇年三月

町田　守弘

# 初出一覧

本書収録原稿の初出は以下の通り。いずれも大幅加除修正のうえ収録。

Ⅰ章
1　「読み」の授業研究会編『国語授業の改革16　「アクティブ・ラーニング」を生かしたあたらしい「読み」の授業』（学文社、二〇一六）
2　『教育科学国語教育』（明治図書、二〇一七・六）
3　『教育科学国語教育』（明治図書、二〇一八・一）
4　『青胡桃』（『青胡桃』同人会、二〇一八・一〇）
5　『月刊国語教育研究』（日本国語教育学会、二〇一八・七）
6　『月刊国語教育研究』（日本国語教育学会、二〇一七・一二）

Ⅱ章
1　『月刊国語教育研究』（日本国語教育学会、二〇一〇・四）
2　『教育科学国語教育』（明治図書、二〇〇五・九）
3　『教育科学国語教育』（明治図書、二〇〇六・一〇）
4　『月刊国語教育研究』（日本国語教育学会、二〇一〇・七）
5　『月刊国語教育研究』（日本国語教育学会、二〇一四・一一）
6　『月刊国語教育』（東京法令出版、二〇一〇・七）
7　『月刊国語教育研究』（日本国語教育学会、二〇一一・二）
8　『月刊国語教育研究』（日本国語教育学会、二〇一五・一二）

Ⅲ章

1 『月刊国語教育研究』（日本国語教育学会、二〇一〇・一二）
2 『月刊国語教育研究』（日本国語教育学会、二〇一一・八）
3 『実践国語研究』（明治図書、二〇一四・九）
4 『月刊国語教育研究』（日本国語教育学会、二〇一六・六）
5 『月刊国語教育』（東京法令出版、二〇〇六・五）
6 『実践国語研究』（明治図書、二〇一七・一）
7 『月刊国語教育』（東京法令出版、二〇〇九・五別冊）
8 『月刊国語教育研究』（日本国語教育学会、二〇一六・三）
9 『月刊国語教育』（東京法令出版、二〇〇六・五別冊）
10 『月刊国語教育研究』（日本国語教育学会、二〇一〇・九）
11 『月刊国語教育研究』（日本国語教育学会、二〇一〇・六）
12 『月刊国語教育研究』（日本国語教育学会、二〇一〇・九）
13 『月刊国語教育研究』（日本国語教育学会、二〇一〇・八）

Ⅳ章

1 『月刊国語教育』（東京法令出版、二〇〇九・八）
2 『早稲田大学大学院教育学研究科紀要』（早稲田大学大学院教育学研究科、二〇一九・三）
3 『月刊国語教育研究』（日本国語教育学会、二〇一九・五）
4 『教育科学国語教育』（明治図書、二〇一九・一二）
5 『学術研究　人文科学・社会科学編』（早稲田大学教育・総合科学学術院、二〇一三・三）

## ま行



## や行



## ら行



## わ行

## さ行



## た行



## な行



## は行

# 索　引

## 著者紹介

**町田　守弘**（まちだ・もりひろ）

1951年，千葉県生まれ。早稲田大学卒業。早稲田大学系属早稲田実業学校中・高等部教諭・教頭を経て，現在早稲田大学教育・総合科学学術院教授。2004年4月から4年間，早稲田大学系属早稲田実業学校初等部校長を兼任。専攻は国語教育で，主にサブカルチャーを活用した国語科の教材開発と授業開発に関する研究と実践を進めている。博士（教育学）。

主な著書に，『授業を開く—【出会い】の国語教育』（三省堂），『授業を創る—【挑発】する国語教育』（三省堂），『国語教育の戦略』（東洋館出版社），『国語科授業構想の展開』（三省堂），『声の復権と国語教育の活性化』（明治図書），『国語科の教材・授業開発論—魅力ある言語活動のイノベーション』（東洋館出版社），『新聞で鍛える国語力』（朝日新書），『「サブカル×国語」で読解力を育む』（岩波書店），共著に『教師教育の課題と展望—再び，大学における教師教育について』（学文社），『国語の教科書を考える—フランス・ドイツ・日本』（学文社），編著に『魅力ある言語活動の開発事典』（東京法令出版），『明日の授業をどう創るか—学習者の「いま，ここ」を見つめる国語教育』（三省堂），『実践国語科教育法—「楽しく，力のつく」授業の創造』（学文社），『早稲田大学と国語教育—学会50年の歴史と展望をもとに』（学文社），共編著に『高等学校国語科　新科目編成とこれからの授業づくり』（東洋館出版社）などがある。

**国語教育を楽しむ**

2020年4月15日　第一版第一刷発行

著　者　町田守弘

発行所　株式会社　学　文　社

発行者　田　中　千　津　子

郵便番号　153-0064
東京都目黒区下目黒3-6-1
電　話　03(3715)1501(代)
https://www.gakubunsha.com



印刷所　新灯印刷株式会社
定価は売上カード，カバーに表示。

ISBN 978-4-7620-2952-3